KB111420

아이와 선생님이 함께 행복해지는

최고의
초등상담

아이와 선생님이 함께 행복해지는

최고의 초등상담

이주영 지음

지식프레임

지치고 힘든 선생님들께 보내는 위로

교실에서 문제행동을 하는 아이 때문에 고민하는 선생님, 학부모로부터 받은 상처로 눈물을 쏟는 선생님을 만날 때면 나 역시 그들과 함께 울게 된다. 아이들을 생각하는 사랑과 열정에 감동하여, 때로는 새록새록 드러난 상처로 아파하는 선생님의 마음이 고스란히 전해져 그저 눈물만 흘린다.

이때 선생님의 마음에 크게 자리하고 있는 것은 억울함과 분노보다는 무기력함과 자책감이라는 사실이 충격이었다. 부모조차 포기했다는 아이에게 최선을 다한 자신을, 안하무인인 학부모를 끊임없이 설득한 자신을 지지하고 격려하기보다는 나무라는 선생님들이 안타까웠다.

안타깝게도 최근 학교폭력이 이슈화되면서 모든 책임을 교사에게 뒤집어씌우고 있다. 우리가 매일 만나는 아이들끼리의 사소한 말다툼마저도 교사들이 제 역할을 다하지 않았기 때문이라고 비난한다. 이 와중에 아이들에게 관심을 주지 않는 아버지나 친구들을 이기고 공부만 잘하면 된다고 주장하는 엄마, 자신의 스트레스를 아이에게 푸는 부모들의 문제는 깔끔하게 묻혀버린다.

그러나 이런 문제들을 교사의 탓으로만 돌린 사회와 부모가 얻는 것은 자신의 잘못이 아니라는 위로와 책임에 대한 회피뿐이다. 그 어느 누구도 사회와 가정의 책임 회피가 감당할 수 없는 부메랑으로 돌아와 고스란히 아이들에게 돌아가고 있음을 알지 못한다. 심지어 교사들마저도.

'따돌림', '왕따'란 단어만 나와도, 아이들이 무심코 내뱉는 '죽고 싶다'는 말만 들어도 가슴이 철렁 내려앉는 예민한 마음으로 어떻게 교사들이 아이들을 건강하게 키울 수 있겠는가! 아이의 삶을 염려하여 한 충고가 소송이라는 기가 막힌 보답으로 연결되는 상황에서, 감히 어떤 교사가 학부모에게 아이의 문제를 솔직하게 피드백하겠는가!

　학교가 삭막해지고 교사를 탓할수록 교사들의 웃음은 없어진다. 그래서 선생님들을 나라도 위로하고 싶었다. 선생님의 열정과 노력을 칭찬하고, 늘 최선을 다하고 있으며, 문제행동이 나아지지 않는 것은 교사의 무능력 때문만은 아님을 말하고 싶었다. 학부모의 안하무인이 교사가 보잘 것 없기 때문이 아님을 알리고, 설령 무능력으로 인해 문제행동을 해결하지 못한다고 할지라도 토닥거려주고 싶었다.

　교사를 위로하고 지지하려는 처음 의도대로 책을 읽는 모든 선생님들이 편안함을 느끼고 자책감과 부담감을 내려놓기를 바라는 마음이다.

2012년 여름, 이주영

CONTENTS

아이들의 문제행동,
어떻게 볼 것인가

아이들은 왜
문제행동을 할까?

　요즘은 교실에서 바른 자세로 앉아 조용히 수업을 듣거나 활동하는 아이들을 좀처럼 찾아보기 힘들다. 아이들은 쉴 새 없이 움직이며 손과 발을 가만히 두지 못한다. 끊임없이 떠들며 교사의 혼을 빼놓기 일쑤다.

　아이들은 수업시간에 집중을 하지 않거나 떠들어댄다. 흥미 없는 활동에는 산만함의 극치를 보이는데, 설령 자신들이 좋아하는 활동을 하더라도 집중하는 시간은 매우 짧다. 야단을 쳐도 잠깐 멈추었다가 다시 시작하는 경우가 다반사다.

요즘 아이들의 특성

산만함과 자유분방함 | 산만함은 교실과 집에서 아이들이 어른들과 부딪치는 중요한 원인이다. 교사와 부모는 정돈되지 않은 책상이나 방, 옷을 아무렇게나 벗어놓는 아이들의 모습을 이해할 수가 없다. 음악을 들으며 공부를 한다거나 교사가 설명하는데 딴짓을 하는 행위, 또 불쑥불쑥 다른 소리를 하는 것도 쉽게 용납할 수 없는 아이들의 행동이다.

그렇다면 이런 산만함을 무조건 부정적인 시각으로만 보아야할까? 꼭 그렇지만은 않다. 아이들의 산만함은 오히려 긍정적인 모습으로 나타나기도 한다. 많은 아이들은 자유로운 마음을 가졌기 때문에 창의적이고 적극적이며, 환경이나 시대의 흐름에 민감하고 주도적인 삶을 살려는 경향이 있다.

폭력적인 분노의 표출 | 부모나 학교, 사회는 화를 내는 것에 대해 부정적으로 평가한다. 그래서 많은 아이들은 화나 분노를 참고 억압하게 된다.

이렇게 억압한 분노는 학교에서 폭력적으로 분출되어 나온다. 그런데 아이들이 분노를 건강하게 통제하거나 표출하는 방법을 모르는 것과 마찬가지로 학교나 교사 역시 아이들의 분노를 수용하는 방법에 대해 모른다.

또한 요즘 아이들은 체벌이나 매에 대한 면역력이 약하다. 과거에는 사회 전체가 매에 대한 면역력이 강했기 때문에 견딜 수 있었다. 그러나 최근 들어 매를 맞은 많은 아이들은 그 자체에 분노하고 그것을 쌓아두었다가 한꺼번에 터뜨리거나 엉뚱한 곳에 가서 폭발시킨다.

낮은 자존감 | 아이들은 부모나 교사 등 주변의 중요한 타인이 자신을 평가하는 말이나 행동을 통해 자기 가치를 판단한다. 그래서 스스로 무언가를 알아내고 성취하면서 인정받고 칭찬을 받으면 자신을 긍정적으로 지각하고 자신감을 갖게 된다.

하지만 많은 부모들은 아이의 좋은 점을 칭찬하기보다는 부족한 점을 야단치기 때문에 아이들이 스스로를 낮게 평가한다. 그 결과 자존감이 낮은 아이들은 스스로 활동하는 것을 주저하고 정신적으로 건강하게 자라지 못하게 된다.

컴퓨터와 인터넷 중독 | 교사와 부모들은 아이들이 하는 컴퓨터, 인터넷을 무조건 부정적인 활동이라고 단정하기 때문에 사용 시간을 통제하거나 차단하려고 한다. 그러나 아이들에게 컴퓨터는 자신의 시간을 즐기는 놀이기구인 동시에 친구와 소통하는 통로이다. 게임을 하면서 친구를 만나고 채팅을 하면서 친구를 사귀거나 자신에게 필요한 정보를 수집하고 문화의 흐름을

파악한다.

물론 컴퓨터에 몰입하다 보면 일상생활에서 만나는 친구들에게 소원해지거나 게임에 중독되는 일이 발생하여 현실과 가상세계를 구별하지 못하는 병리적인 문제가 생기기도 한다. 하지만 컴퓨터 중독의 근본 원인이 컴퓨터가 아니라 가정환경이나 아이의 심리적인 문제라는 것을 알게 된다면, 컴퓨터 사용 시간을 차단하는 것이 문제의 답이 아님을 알게 될 것이다. 중요한 것은 차단에 앞서 왜 아이가 컴퓨터에 빠지는지 그 원인을 찾는 일이다. 아이가 가족과 함께함으로써 안정감을 느끼고 심리적으로 건강해지면 컴퓨터에 빠지지 않는다.

개방적인 성 의식과 욕설 | 요즘 아이들은 이성을 바라보는 시각이 과거 세대와 큰 차이를 보인다. 대학생이 되어서 남자친구를 처음 사귄 세대와 초등학교 때부터 좋아하는 여자친구를 사귄 아이들은 성에 대한 인식이 다를 수밖에 없다.

학생이 공부를 하기 위해 이성친구를 멀리해야 하고, 이성친구와의 신체 접촉은 있어서도 안 된다는 어른들의 말은 요즘 아이들의 사고로는 이해하기 어려운 것이다. 자신이 좋아하는 이성친구에게 마음을 표현하고 그 과정에서 사귀거나 거절당하는 일은 자연스러운 일이고, 오래 사귄 기간이 100일이라는 것도 요즘 아이들의 연애관이다. 사귄 기간에 상관없이 신체나 성적인 접촉을 할 수 있다는 것 또한 아이들의 생각이다.

더불어 많은 아이들이 욕설로 대화를 한다. '10대들의 욕'이라는 주제로 TV 프로그램이 만들어질 만큼 요즘 아이들에게 욕은 일상 언어가 되었다.

많은 교사들은 아이들이 욕설을 하지 못하도록 야단을 치거나 통제한다. 그럼에도 불구하고 최근 들어서는 담임에게 욕을 하는 아이들까지 생겨나고 있다. 마음을 긍정적인 언어로 표현하지 않고 욕을 매개로 분노를 표출하는 것은 분명 문제지만, 아이들이 사용하는 욕을 학교에서 차단하는 것에도 한계는 있다.

부모에 대한 아이들의 양가감정

초등학생들은 기본적으로 성적에 대한 스트레스나 영어 공부에 대한 짜증, 마음껏 놀지 못하는 것에 대한 억울함을 갖고 있다. 그리고 이러한 불만의 대상은 주로 부모이다. 집에서 공부를 강요하는 엄마에 대한 화, 그리고 행동이 바르지 못하다는 이유로 자신을 때리는 아버지에 대한 분노가 있는 것이다.

그러나 이런 분노에도 불구하고 초등학생들은 가출을 하거나 욕설을 하는 등 부모에게 강하게 반발하지 않는다. 오히려 부모가 권위적이거나 폭력적인 경향이 있으면 아이는 더 고분고분하게 말을 잘 듣는다. 그 이유는 초등학생들에게 부모는 아직 자신의 의식주를 해결해주는 고마운 절대자이기 때문이다.

그런데 많은 아이들은 부모에 대한 분노를 학교에서 해소하는 경향이 있다. 특히 최고학년으로서 힘이 있다고 판단되는 6학년이 되면 다른 친구와 연합하여 교사에게 반항을 하기도 한다.

학부모들은 내 아이가 성적도 우수하고 책읽기를 좋아하며 숙제는 알아서 할 것을 기대한다. 영어는 굶지 않을 정도로 해야 하고, 나이가 들어 취미로 할 수 있는 악기 하나 정도는 있어야 하며, 체력적으로도 강해지기를 바란다. 또한 대학 진학을 위해 지금부터 차근차근 스펙을 쌓아야 하고, 어른들에게는 항상 예의 바르다는 소리를 들어야 하며, 폭넓은 친구관계를 유지해야 한다고 생각한다. 그러니 부모의 욕구 충족을 위해 아이들은 좋아하는 친구들과 놀거나 컴퓨터 게임을 할 시간이 부족할 수밖에 없다.

또한 많은 부모들은 자녀가 갖고 있는 본래의 성격을 수용하지 못하고 다른 이상적인 모습을 희망한다. 내성적인 아이에게는 활발함을, 활발한 아이에게는 차분함을 기대하면서 끊임없이 성격을 바꾸도록 채근한다. 부모들은 사과의 맛을 가진 아이가 조금만 노력하면 포도가 될 수 있다며 다그친다. 더욱 나쁜 것은 사과인 아이에게 포도인 다른 아이의 장점을 말하면서 비교하는 것이다. 그런데 이렇게 비교당할 때 아이는 사과인 자신의 장점마저 망각하고 자존감을 잃게 된다.

사과인 아이가 왜 포도를 닮아야 하는가? 닮을 이유도 없지만 닮는 것 자체가 불가능함을 알아야 한다.

..2

문제행동,
어떻게 해결할 것인가?

　임용 경쟁이 치열해질수록 교사들은 인간으로서 자신의 삶이
나 학생 성장에 대해 깊은 고민을 하지 못한 채 학교로 오는 경
우가 많다. 그러다 보니 교직 경험이 적은 교사들은 교실에서 이
루어지는 아이들의 말과 행동을 자신의 경험 안에서만 바라보게
된다.

　예를 들어, 학창 시절에 공부를 잘하고 성실했던 교사들은 공
부하기 싫어하고 수업 태도가 바르지 못한 아이들을 이해하기 힘
들다. 또 자신이 맡은 일에 차분하게 집중을 잘했던 교사들은 책
임감이 없거나 집중력이 약한 아이들을 잘 수용하지 못한다.

교사가 신념보다 먼저 갖춰야 할 것들

교사들은 다양한 관점으로 학생을 바라본다. '학생은 바른 말고운 말을 써야 한다. 학생은 수업시간에 소란을 피워서는 안 된다. 교사는 학생을 차별하면 안 된다' 등 나름의 학생관이나 교육관을 갖고 있다. 그리고 이러한 교사의 신념은 학생들을 가르치거나 지도할 때 말과 행동의 근원이 된다.

예를 들어 한 교사가 '학생은 바른 말 고운 말을 써야 한다'는 신념을 가지고 있다면 교실에서 욕설을 하는 아이를 수용하지 못하여 문제아이라고 생각할 것이다. 이 신념을 강하게 가진 교사는 이 신념을 가지지 않은 교사에 비해 학급에서 욕설을 하는 아이에 대한 수용력이 약하다.

여기서 말하고자 하는 것은 교사의 신념에 대한 잘잘못을 따지자는 게 아니다. 교사의 신념이 강할수록 학생과 상황을 바라보는 눈이 경직된다는 것이다.

교사도 한 인간으로서 학생을 미워할 수 있으며, 때로는 쳐다보는 것조차 싫을 때가 있다. 모든 아이들을 넓은 마음으로 포용하면 좋겠지만 마음처럼 쉽게 되는 일은 아니다.

교사 자신의 바운더리 넓히기 | 우리는 우리가 경험한 삶을 토대로 자신의 바운더리boundary(경계, 폭)를 형성한다.

교사의 바운더리는 학생의 문제행동을 바라보는 관점이나 학생과의 관계에 많은 영향을 준다. 바운더리가 좁은 교사는 학생을 자신의 좁은 바운더리에 넣고 판단하기 때문에 문제행동을 하는 아이들이 많다고 생각하는 반면, 넓은 바운더리를 가진 교사는 넓은 바운더리 안에서 학생의 행동을 바라보기 때문에 문제가 되는 행동이 많아 보이지 않는다.

교사가 자신의 바운더리를 넓히기 위해서는 아이들과 많은 이야기를 나누어야 한다. 대화를 통해 표면적으로 보이는 행동 이면의 상처를 알게 되면 학생들의 행동 자체를 비난할 수 없게 된다. 이 과정에서 학생에 대한 교사의 바운더리가 넓어진다.

아울러 학생들의 행동을 이해하기 위해 심리 공부를 하는 것도 좋은 방법이다. 자신의 기준보다는 이론에 바탕을 둔 객관적인 잣대로 아이들의 행동을 바라봄으로써 이해의 폭을 넓힐 수 있다.

또한 교사가 자신의 삶에서 경험하는 고통이나 분노, 행복이나 즐거움 등을 수용하게 될 때 바운더리가 확장된다. 자신의 삶을 수용하고 아이들 역시 자신과 똑같이 고통스러운 삶을 살아가는 존재라는 생각이 들면 이해의 폭은 넓어질 수밖에 없다.

학부모와의 관계 유지 | 초등학교는 학부모들이 아이를 처음 학교에 보내는 곳이기 때문에 교사를 자주 만난다. 이 과정에서

좋은 관계를 유지하는 경우도 있지만 껄끄러운 관계가 될 수도 있다.

부모와의 관계가 불편해지는 첫 번째 원인은 아이를 보는 관점의 차이 때문이다. 한 아이는 교사에게 학급의 1/n 만큼 중요하지만, 부모에게 그 아이는 1 또는 1/2이기 때문이다. 이 수치는 아이를 바라보는 시각차를 드러내고, 특히 학교에서 아이가 문제행동을 했을 때 보는 관점 자체가 다른 양상으로 나타난다.

또 다른 이유는 부모를 대하는 교사들의 말과 태도 때문이다. 교사들은 업무적인 억양으로 이야기를 하기 때문에 부모들에게는 그다지 친절하지 않게 들릴 수 있다. 하지만 늘 학교 안에 있는 교사는 그것을 지각하지 못한다. 그래서 부모의 마음을 상하게 하는 교사의 말 한마디는 큰 화를 부를 수 있다.

마지막으로 생각해볼 수 있는 것은 부모의 태도이다. 좋은 일이 아닌 이유로 학교에 왔을 때 부모들은 속상함과 화를 교사에게 해소하거나 자녀의 잘못을 학교 탓으로 돌리는 경향이 있다. 이런 부모들이 많아지는 추세이기 때문에 교사들은 더 힘들어진다.

그렇다고 아이의 문제를 덮어둘 수는 없는 일이다. 이럴 때는 부모가 자신이나 자녀의 잘못을 인정하지 않는다고 할지라도 그 아이의 잘못이나 문제를 말하는 것이 바람직하다. 부모가 인정하지 않는다는 이유로 말하지 않으면 다음 학년의 교사는 이 말을 또다시 들어야 할지 모른다. 내년에 그 아이를 맡게 될 담임 교사를 위해서라도 진실은 말해야 한다.

문제행동은 누구의 책임인가?

아이의 문제인가? | 수업시간에 집중을 못 하고 산만하거나 친구들에게 말을 건다면 그것은 아이의 문제이다. 물론 이 경우 그 아이는 모든 수업시간에 그런 행동을 보여야 한다. 만약 그렇지 않다면 아이에게 다른 문제가 있을 수 있다. 특정 과목이나 공부 자체에 관심이 없거나 아니면 오늘 수업 내용을 이해하지 못해서, 또는 공부할 기분이 아니거나 어제 집에서 야단을 심하게 맞아서 기분이 나쁘거나 등 다양한 원인이 있을 수 있다.

학부모의 문제인가? | 부모의 잦은 다툼, 혹은 이혼 압박이 아이를 불안하게 하지는 않는가? 집에서 밤늦게까지 공부를 하느라 놀 시간이 없어서 학교에 와서 놀고 있는가? 집에서는 조용히 공부하라는 엄격한 부모가 무서워서 쉬지 못한 스트레스 때문에 그걸 학교에 와서 푸는가? 경제적인 형편이 여의치 않은 부모의 스트레스가 아이에게 전해지지는 않았는가? 이처럼 문제행동의 원인이 학부모에게 있는 경우도 적지 않다.

교사의 문제인가? | 수업시간에 모든 아이들이 집중해서 설명을 들어야 한다는 생각으로 조금의 흐트러짐이나 소곤거림도 수용하지 못하는 건 아닌가? 가만히 앉아서 공부하는 것이 제일 좋은 태도이고 그러한 학생의 태도가 당연하다는 생각을 갖고 있는가? 학생들은 수업시간에 교사의 설명을 빼놓지 말고 들어야 한다는 생각을 가지고 있는가? 자신의 설명을 듣지 않는 학생을 보면 스스로 능력 없는 교사라는 생각이 드는가? 그렇다면 교사는 자신의 바운더리를 살피는 지혜가 필요하다.

> **Advice 01**
>
> 교사가 학생을 수용하는 폭이 넓으면 학생과의 갈등이 줄어들어 편안하고 여유로워진다. 그러나 현재의 바운더리가 좁다고 할지라도 자신을 탓하거나 자책할 필요는 없다. 우리의 마음은 자신의 속 좁음마저 수용할 때 비로소 넓어진다. 반 아이에게 상처를 주는 말이나 분노, 학부모에 대한 서운함과 속상함은 모두 지나가는 감정일 뿐이다.

..3

학교를
싫어하는 아이들

학기 초에는 많은 교사들이 1년간의 학급 운영을 계획하고, 첫발을 내딛는 시기이므로 매우 의욕적이다. 이때 교사들은 아이들과의 친근감 형성보다는 학급 전체의 규칙과 질서를 강조하는 경향이 있다. 그래서 부드러운 말보다는 딱딱하고 명령 위주의 말로 아이들을 통제하려 한다.

그 결과 학생들은 이전 담임과의 친숙함과는 거리가 멀고 무섭게 보이는 새 담임을 두려워하거나 싫어해 학교 생활에 어려움을 겪게 된다. 심할 경우 등교 자체를 거부하기도 한다. 새로운 학년과 학급, 친구들도 낯선데 담임교사마저 무섭고 멀게 느껴지니 아이들의 입장에서는 어려움이 이만저만이 아닌 것이다.

학교가 싫어지는 이유

교사와의 갈등 | 아이가 학교에 오기 싫어하는 원인이 교사에게 있다면 학부모의 입을 통해 파악할 수 있다. 그 말을 들으면 당장 기분은 나쁘지만 아이가 어떤 부분을 힘들어 하는지 이야기를 나눌 필요가 있다. 담임에게 꾸중을 반복적으로 듣거나 담임과 성격이 너무 다르면 아이는 계속해서 학교 오는 것 자체를 힘들어 할 수밖에 없다.

왕따와 친구 문제 | 왕따를 당하거나 친구들과의 관계가 원만하지 못할 때도 아이들은 학교에 가기를 싫어한다. 이때는 정확한 상황 파악이 먼저다. 상황 파악을 위해 아이의 이야기를 들을 때 등교를 거부한 아이를 무조건 비난하거나 상대 아이만 잘못했다고 말하는 것은 도움이 되지 않는다. 더 나쁜 것은 아이의 이야기를 들은 다음 교사가 흥분한 상태에서 해당 아이들을 찾아가 비난하거나 야단치는 것이다. 이것은 상황 해결에 오히려 악영향을 초래한다.

친구끼리 싸우거나 갈등이 일어나는 것은 당연한 일이다. 이를 잘 활용하면 한편으로는 아이가 친구관계의 폭을 넓히고 사교적인 아이로 성장할 수도 있다.

과도한 학습량 | 선생님이 과도하게 과제를 냈는데 그것을 못했거나 시험 결과에 대해 담임이나 부모가 야단을 칠 경우에도 학교에 가기 싫어지는 이유가 된다. 따라서 과제를 낼 때는 아이들의 시간이나 상황 등을 고려하여 적당한 양인지를 파악해야 한다. 학업 성적에 예민한 부모들의 반응과 꾸중, 매 때문에 시험을 거부하기 위해 결석을 하는 것이라면 학부모와 상담을 하는 것이 좋다.

반대로 가정에서 일어나는 과도한 학습 때문에 아이가 지쳐서 학교에 오기 싫어할 수도 있다. 부모나 학원에서 아이에게 요구하는 학습량이 지나치게 많을 경우 아이는 공부에 지칠 수밖에 없다.

부모의 잘못된 양육 방식으로 등교를 거부하는 아이

부모와의 갈등이나 반항으로 등교를 거부하는 경우는 아이뿐 아니라 부모에게도 원인이 있을 수 있다. 그러나 부모들은 자신의 양육 방식을 돌아보거나 자녀에게서 원인을 찾기보다는 학교나 담임, 친구들을 탓한다.

컴퓨터를 하느라 집에서 대부분의 시간을 보내는 은둔형 외톨이도 그 시작은 부모에 대한 반항일 수 있다. 이 아이들은 사람과의 접촉을 꺼리고 상담이나 치료를 거부하는 경우가 많아서 학교 차원에서도 조치를 취하기가 힘들다. 따라서 부모와의 갈등이나 반항 때문에 등교를 거부했을 때는 학부모와 의논하여 외부 상담기관이나 상담교사에게 의뢰하여 도움을 받는 것이 좋다.

간혹 부모들은 자신의 잘못을 부인하거나 알고 있으면서도 묵인한다. 그러나 은둔형 외톨이는 초기에 치료하지 않으면 문제가 더욱 심각해져서 나중에는 손을 쓸 수조차 없게 된다.

부모가 지나치게 아이의 건강을 염려하는 경우에도 아이들은 잦은 결석을 한다. 이것은 가족 치료가 필요한 문제이다. 아이가 몸이 아프다고 하면 부모가 학교를 쉬어도 된다는 말을 하기 때문에 아이는 학교에 가지 않는 것이다. 이 생활이 반복되면 아이는 몸과 마음 모두가 건강하지 못하게 된다.

학교에서 말을 하지 않는 아이

집에서는 이야기를 잘하는데 학교만 오면 입을 다무는 아이가 있다. 간혹 친구들에게 아주 작은 소리로 이야기를 하지만 수업 시간이나 교사에게는 입을 열지 않는다.

함묵증이 있는 한 아이가 어느 날 친구에게 "내가 집에서 이렇게 이야기를 많이 하는 줄 알면 선생님이 깜짝 놀랄걸"이라는 말을 했다고 한다.

학교에서 말을 하지 않는 아이들은 학교에 대한 부정적인 충격을 갖고 있을 수 있다. 그로 인해 말문을 닫기 시작한 것이 지속되는 경우가 많다. 가끔 마음을 잘 표현하던 아이가 갑자기 말이 줄어들거나 말문을 닫아버리는 경우가 있는데, 이때는 아이에게 말로 표현하기 힘든 충격적인 경험이나 사건이 있었는지 세심하게 살펴야 한다.

때로 아이들은 대수롭지 않은 일로 심각한 고민에 빠지기도한다. 이때는 섣불리 판단하거나 다그치지 말고 편안하게 자신의 이야기를 할 기회를 만들어주어야 한다. 아마도 이 경우 자신이 한 말이나 행동에 대해 교사에게 야단을 맞았거나 부정적인 피드백을 들은 경험, 친구들에게서 놀림 받은 경험 등이 있을 것이다.

담임은 아이가 말을 할 수 있도록 여러 가지 방법을 동원한다. 물론 이를 통해 아이가 말문을 열기도 하지만 오히려 말을 더 하지 않을 수도 있다. 집에서 이야기를 잘 하고 심리적인 문제가 없다고 판단되면 아이의 선택을 존중하는 것이 좋다. 아이의 말없음에 대해 거리를 두고 기다려줄 때 언젠가 아이는 자신의 마음을 표현할 것이다.

아이가 문제행동을 보이거나 심리적으로 어려워 보일 때 교사들은 아이들과 대화를 시도한다. 이야기를 잘 하는 경우도 있지만 형식적인 대답만 하는 아이들도 있다. 아이들이 말을 하지 않는 이유는 아직 담임에게 자신의 이야기를 할 정도로 마음이 열리지 않았거나 그 누구에게도 자신의 이야기를 하고 싶지 않기 때문이다. 이때 안타까운 마음에 아이들과 억지로 대화를 시도하는 것은 좋지 않다. 관심이 있다는 것을 알리고 아이가 먼저 말을 걸어올 때까지 기다리면 된다.

가르치고 충고하고자 하는 마음은 교사의 직업병이다. 아이의 마음을 받아주면 아이는 자신의 부정적인 감정을 풀게 된다. 그 다음에는 자연스럽게 자신이 한 행동을 상대방이 어떻게 받아들이고 있는지 이성적으로 생각한다. 교사가 하려고 했던 충고를 자기 입으로 하게 되는 것이다. 아이의 말을 잘 들어줄 때 비로소 아이들은 마음의 문을 연다.

Advice 02

학교에 오기 싫어하는 아이들에게 모두 문제가 있는 것은 아니다. 이는 '학교는 꼭 가야 하고 학교는 안전하다'는 교사의 편견에서 비롯된 것일 수도 있다. 또한 교사는 학교를 거부하고 학교 밖 생활을 한 경험이 없으니 이해하기도 쉽지 않다. 하지만 때로는 학교가 인간의 본성과 장점을 악화시키는 역할을 할 때도 있음을 인정하자. 교사가 자신의 바운더리를 학교 밖으로 확대할 때 학교 안의 아이들을 좀 더 잘 이해할 수 있을 것이다.

치료가 필요한
ADHD 아이들

2

ADHD
제대로 이해하기

1900년대 초만 해도 ADHD는 알코올 중독, 범죄, 우울증이 있는 가족에게서 나타난다는 유전적인 특성을 강조하고, 신경계의 손상 때문에 생긴다고 보았다. 그러다가 1950~60년대에 들어 장애로 명명하기 시작하였는데, DSM-II에서는 ADHD를 심리적인 것이 아닌 기질적 대뇌증후군으로 진단하였다. (DSM은 정신질환 진단을 위해 사용되는 분류체계로, 현재까지 다섯 차례 개정되었다.)

1970년대에는 과잉활동과 지속적인 주의집중, 충동성 통제의 중요성을 강조하였으며, 1980년 DSM-III에서 ADD^{주의력결핍장애}로 명명하였다. 이후 DSM-III-R(1987)에서 ADHD^{주의력결핍 과잉행동장애}로 재명명하였는데, 행동 억제의 문제에 무게가 실리면서 ADHD의

핵심적인 문제에 대한 논쟁은 계속되고 있다.

우리나라에서는 ADHD를 병리적인 관점에서 접근하다가 서서히 이 아이들의 긍정성이나 독특성을 인정하고 재능을 발휘하는 쪽으로 분위기가 바뀌고 있다. 그러나 많은 교사들은 학급에서 수용이 어렵다는 이유로 여전히 이러한 아이들에게 약물치료를 해야 한다는 병리적인 관점을 취하고 있다.

ADHD 아이들의 특성

ADHD 아이들은 주의를 유지하지 못하는 경향이 있다. 과제나 놀이 활동에도 제대로 반응하지 못하고 규칙이나 지시를 따르지 못하는 부주의한 특성이 강하다.

ADHD 아이들은 일반적으로 다음과 같은 특성이 있다.

- 공부를 끝마칠 때까지 마무리를 못 하며, 마음이 다른 곳에 가 있고 듣지 않은 것처럼 행동한다.
- 한 가지를 하자마자 다른 것에 손을 댄다. 준비물, 숙제를 잘 잊고, 정리정돈이 안 되며, 자신의 물건을 잘 잃어버린다.
- 교사의 말에 주의를 기울이지 못하고, 주제가 자주 바뀌는 등 대화에 전념하지 못하며 자기 차례 또한 잘 기다리지 못한다.

- 자리에서 자주 일어나며, 의자에서 몸을 자꾸 움직인다. 손을 두드리거나 발과 다리를 흔들며, 식사나 공부를 할 때도 소란스럽다.
- 물건을 뒤집어엎거나 어딘가에 부딪쳐 자주 다친다.
- 성급하게 대답하거나 행동한다. 친구의 말을 끊고 자기 얘기만 하거나 관련 없는 일에 간섭을 하는 경향이 있다. 이러한 충동성 때문에 아이는 자신의 잘못을 잘 알지 못하며, 다른 친구의 물건을 함부로 만지기도 한다.

ADHD 발생 요인

ADHD는 유전이나 임신, 출산 중, 출생 후 외상으로 인한 뇌 손상, 그리고 신경전달물질의 기능 장애, 식품첨가물과 환경오염 등이 원인일 수 있다. 부모의 돌봄이 부재된 가정에서 자주 발생하며, 아이가 덜 건강할수록, 운동 발달이 더딜수록, 아기 때부터 지나치게 활동적일수록, 자극적인 것에 강하게 반응하는 아이일수록 ADHD 경향이 강하다.

또한 기질이 부정적이고 요구가 많은 과잉행동 자녀를 부정적이고 비판적으로 대하는 부모, 자녀에게 적대적이거나 부부간에 문제가 있는 부모 아래에서도 이런 아이들이 많다. 이런 환경에 노출된 아이들은 뇌의 전두엽 영역 활동이 정상인보다 적다고 한다.

ADHD의 원인은 아직 정확하게 밝혀지지 않았다. 안타깝게도 한 학급에서 1~2명 정도는 ADHD로 진단받고 있는데, 그 수는 계속 증가하는 추세이다. 남녀 성비는 3:1 내지 5:1로 남자아동이 훨씬 많다. 이는 남자가 유전과 관련된 생물학적 위험이 다소 더 클 수 있고, 양육 방식에서도 남자아이들에게는 과잉행동이나 충동적인 행동이 허용되는 경향이 많기 때문일 수도 있다.

정서적으로 불안하거나 우울한 아동도 안절부절못하고 주의가 산만하며 가만히 있지 못하므로 ADHD를 진단할 때는 이를 혼동하지 않도록 유의해야 한다. ADHD는 주의산만과 충동성, 과잉행동이 가정, 학교, 학원 등 다양한 장소에서 나타나야 한다. 만약 학교나 집 등 특정 장소에서만 이런 행동을 보인다면 장소의 문제일 수 있다.

ADHD의 하위 유형

충동성과 과잉행동 없이 부주의와 관련된 문제만을 뚜렷하게 보이는 아이도 있다. 이 아이들은 '주의력 결핍 우세형'으로, 몽상에 빠지기 쉽고 사회적으로 위축되어 있으며, 여러 연구에서 다른 유형의 아동보다 학습장애가 더 많이 나타난다고 한다. 또한 ADHD가 갖는 모든 증상을 보이는 아동에 비해 충동성, 과잉행동, 공격성, 또래 거부 등을 나타내는 비율이 낮고 품행장애, 반항장애를 보이거나 심리치료를 받는 경우가 적다. DSM-IV에서 처음 소개된 '과잉행동 – 충동 우세형'인 아이들에 대한 연구는 아직 부족하며, 초등학교 저학년에서 많이 나타난다.

공격성을 함께 갖고 있는 ADHD 아동은 거짓말, 도벽, 싸움 같은 반사회적 행동을 보이는 빈도가 높고 또래에게 거부당할 확률이 높다. 따라서 청소년기와 성인기에 보다 많은 문제를 일으킬 가능성이 높다. 공격성을 보이는 경우는 아동의 내적 요인 외에 환경적 요인, 예를 들어 부모의 양육 태도와 관심 부족이 원인일 수 있다. 이러한 요인은 아동의 부적응에 영향을 주기 때문에 보다 장기적이고 집중적인 치료가 필요하다.

많은 교사들은 공격적이고 폭력적인 경향의 아이들을 ADHD로 단정 짓는 오류를 범한다. 그러나 우리는 ADHD 행동의 기준에 공격성이 없음을 기억해야 한다.

ADHD 아동을 평가할 때는 외적 증상뿐만 아니라 심리적 증상도 함께 평가해야 한다. 많은 ADHD 아이들이 불안이나 우울 같은 심리적 장애를 함께 가지고 있다.

과잉행동 – 충동적 행동은 심리적 증상이 없을 때 덜 심각하고, 품행장애 증상이 덜 일어난다. 물론 심리적 장애가 없는 ADHD 아동이라 하더라도 성장하면서 주위의 부정적 평가가 지속된다면 심리적인 문제가 생길 수 있다.

ADHD 아동은 대부분 지능이나 인지 기능이 떨어진다고 생각하는 경향이 있는데, 오히려 인지 기능은 뛰어난 경우도 많다. 과잉행동과 충동성은 연령에 따라 점차 감소하지만, 부주의는 초등학교 기간 동안 유지되다가 청소년기에 감소한다. 이들은 권위를 가진 사람과 규칙에 자주 반항하고 순응하지 않는 경향 때문에 자주 문제행동을 일으킨다.

Advice
03

좋은 말로 야단쳐야지 하는 생각과 달리 소리를 지른다거나 심하게 화를 낸 뒤 '내가 그렇게까지 할 필요는 없었는데' 하고 후회하는 경우가 있다. 가끔 충동적인 모습을 보이는 교사처럼 ADHD 아이들 역시 충동적이다. 어쩌면 그 아이들도 가만히 있지 못하는 자신을 자책할지 모른다.

ADHD 아이들은
독특한 재능을 갖고 있다

약물 치료를 받는 ADHD 아이들은 종종 식욕이 감퇴하거나 심장 박동과 혈압이 증가하며, 잠을 못 자거나 혹은 과도하게 많이 자는 증상이 있다. 얼굴이나 특정 부위에 틱이 일어나거나 사회적 상호작용이 감소하는 등 부작용을 보이기도 한다.

또한 약물 치료는 행동을 통제하지만 상대적으로 짧은 지속성 때문에 장애를 치료하는 것이 아니라 증상들을 억제하는 것이라며 반론을 제기하는 사람도 있다. 약물 치료를 하면 아이들은 조용히 앉아 있고 집중을 더 잘하며, 문제행동을 더 적게 나타내기 때문에 아이와 부모, 교사들은 ADHD 아이들을 관리하는 스트레스에서 벗어날 수 있다. 그러나 약물의 단기 치료는 유의미하지만 장기적인 치료는 부정적인 결과를 나타낸다는 연구도 많다. 약물을 사용하여 증상을 억제시키는 방법을 통해서는 아이의 근본적인 문제가 해결될 수 없으며, 오히려 이후의 삶에서 보다 와해된 모습을 나타낼 수도 있기 때문이다.

ADHD를 병으로 진단하는 것은 '문제'가 아동 내부에 있다고 가정하므로 문제행동을 야기하고 유지시키는 역할을 하는 환경에 대한 평가를 소홀히 한다. 그러나 ADHD 아이들이 가진 차이점을 장애로 보는 것은 하나의 관점에 불과하다. 차이점이 곧 장애를 의미하지는 않는다. '과잉행동'은 활동성이 과하다는 것을, '주의력 결핍'은 주의력이 부족하다는 것을 의미한다. 이 말을 반대로 이해하자면 과소행동장애와 주의력 과다장애는 없다는 의미다.

차이점이 있다는 것은 재능을 가지고 있거나 아니면 어떤 면에서 차이점을 가지지 않은 사람들보다 더 낫다는 것을 의미할 수 있다. 즉 ADHD는 차이일 뿐만 아니라 재능이기도 하다.

아이들에게 ADHD라는 진단명을 부여하고 이를 장애로 보게 되면 아이의 자존감을 손상시킬 수 있다. '너는 ADHD라는 병을 가지고 있기 때문에 신뢰할 수 없다'는 메시지를 받게 된 아이는 ADHD로 보이는 문제행동들을 더 많이 보이고 학교생활에 더 큰 어려움을 겪게 된다.

ADHD 아이들의 장점

뛰어난 창의력 | ADHD 아이들은 교실 안팎에서 상상을 하는 뛰어난 능력이 있다. 작고 세부적인 사항은 간과하지만, 물질의 의미와 중요성을 이해하는 데 뛰어나며 창의적이고 신기한 방식으로 물질세계에 몰입한다. 자신의 능력을 발휘할 수 있는 상황이 되면 호기심과 창의성으로 문제를 해결하고 적합한 분야를 찾기도 한다.

ADHD 아이들은 공상이나 상상적 사고를 할 수 있다. 또한 자신의 상상을 세상에 적용하려는 용기와 자신의 사고, 정서 혹은 외부세계에서 받은 영감에 대해 민감하게 반응하는 천부적인 능력을 갖고 태어났다.

그러나 학교는 주로 반복 모델에 초점을 맞추기 때문에 아동들이 진지하게 수업에 집중하고 엄격한 형식에 맞추어 제시된 자료들을 이해해야 하며, 교사에게 반복해서 결과물을 보여주길 희망한다. 이러한 학교의 특성은 ADHD가 가진 재능과 대조적이다. 따라서 아이의 내면세계에 주의를 기울이지 않으면 아이의 창의성을 간과할 수 있다.

ADHD 아이가 세부사항에 주의를 기울이면서 자신이 상상하는 꿈을 구체적으로 실현할 수 있는 계획으로 전환하도록 훈련받는다면 잠재력을 발휘할 수 있을 것이다. 창의성을 키우려면 빈둥거리는 듯한 시간이 필요하다. 새로운 아이디어를 시도해보는 가운데 무엇이 적합하고 무엇이 더 재미있는지를 맞추어보는 것이다.

충동성은 새롭고 희귀한 일을 생각하고 진행하려는 성향을 말한다. 이는 어떤 연구나 사고 영역에서 새로운 기반을 만들기 위해 필요한 요소이다. 또 주의산만이란 자신의 주의를 다른 영역으로 옮기는 경향을 말한다. 따라서 이들은 한 가지에 몰두하다가 다른 영감으로 옮겨간다. 이러한 유연한 사고는 새로운 기술 혁신이나 생산성을 이루는 데 필수적이다.

남다른 호기심 | ADHD 아이들은 생생한 경험을 통해 배우기를 좋아하고 살아 숨 쉬는 실제 세계에 호기심이 많다. 생태적 의식을 가진 아이는 자연계와 직접 관련을 맺고 관여하고자 한다. 따라서 이러한 아이들은 동물에 대해 민감하게 반응하고 자연에 대해 열정적인 흥미와 호기심을 가진다.

교실에서 주의를 기울이라고 했을 때 ADHD 아동은 창밖을 내다보면서 열려 있는 창문으로 나무, 새, 야생의 모습을 관찰하는 일에 빠진다. 주의력 결핍이 더 넓은 자연계에 대한 증폭된 감수성을 나타낸다는 점에서, 이러한 의식 스타일은 약물로 둔화시키기보다 오히려 육성할 필요가 있다.

정서적인 친화력 ｜ ADHD 아이들의 대인관계 방식은 기존 사회의 관점에서 예의에 어긋난 것일 수 있다. 그런데 아이들이 보이는 관계 직관력은 치료자가 상담자들을 이해하기 위해 육성하려는 자질과 유사하다. 따라서 아이들의 재능은 타인과 깊이 관계하는 능력으로 바뀔 수 있다.

ADHD 아동들은 말하지 않는 것을 인식하는 재능, 즉 비언어적 단서와 얼굴 표정, 제스처를 통해 다른 사람의 정서를 읽어내는 능력이 있다. 다른 사람의 정서를 쉽게 전달 받고 그것들에 쉽게 정서적으로 감화된다.

넘치는 에너지 ｜ ADHD 아이들의 과잉행동은 높은 에너지 수준으로 세상에 대한 흥미와 호기심을 보인다. 이러한 특성은 재능일 수 있다. 따라서 아이의 넘치는 에너지를 가치 있는 자원으로 보고 아이도 그것을 가치 있게 여기도록 도와야 한다. 아이가 에너지의 주인이 되도록 해야 한다.

교사와 부모는 아이가 무엇을 잘하고 무엇을 힘들어하는지를 파악함으로써 아이의 에너지를 생산적으로 연결해줄 수 있다. 이를 위해 필요한 것은 아이가 흥미를 느낄 만한 프로젝트에 책임을 지도록 하는 것이다.

풍부한 감수성 ｜ ADHD 아이들은 자신과 다른 사람들과의 관계를 감지하는 데 민감하기 때문에 잦은 감정 변화를 보인다. 또 자신의 감정에 민감하기 때문에 다른 사람들과 더 잘 공감할 수 있다. 따라서 아이의 긍정 정서뿐만 아니라 불평도 존중해줄 필요가 있다.

민감한 감정이라는 재능은 창의성과 직접적인 관련이 있다. 이 재능을 통해 아이들은 다른 사람이 볼 수 없는 것을 볼 수 있고, 놓치기 쉬운 것들을 느끼게 된다.

감정 표현은 아이의 넘치는 에너지와도 관련이 있다. 아이의 강한 감정은 행동을 몰아치게 하고 아이가 자신의 강한 경험을 행동으로 표현하게 하는 고성능 연료와 같다. 다만 정서적 민감성은 정서적 표현과 분리할 수 있어야 한다.

자신만의 흥미에 몰입하다 | ADHD 아이들은 민주적인 방식이 아니라면 권위에 저항하며, 주위에 감정적으로 안정되고 믿을 만한 어른이 있기를 바란다. 새로운 아이디어가 생겨도 그것을 실현할 수 있도록 주위에서 도와주지 않으면 쉽게 좌절한다. 또한 기계적으로 외우거나 단순히 듣기만 하는 것을 싫어하고 탐구하면서 배우길 좋아한다. 자신이 흥미를 느끼는 것에 몰두할 때를 제외하고는 가만히 앉아 있지 못하며, 일찍 실패를 경험하면 배움을 포기하고, 계속되는 배움에 대해 벽을 쌓는 경향이 짙다.

아이의 단점이라고 생각하는 모습을 깊게 들여다보면 긍정적인 면이 있음을 알 수 있다. 교사가 지닌 여리고 부드러운 면은 아이들로부터 무시를 받을 가능성도 있지만 한편으론 아이들의 감정에 섬세하게 반응하는 장점이 될 수 있다. 교사는 포도인 아이가 자신의 모습이 마음에 들지 않는다며 사과를 부러워할 때, 자신의 신맛과 단맛을 살려 보다 달콤한 포도가 될 수 있도록 도와줄 필요가 있다.

..3

ADHD 아동의
심리치료와 부모 교육

아이가 지닌 잘못된 학습 습관, 충동적인 문제 해결방식이나 사고방식, 비효율적인 분노 처리, 공격적이고 자기중심적인 대인관계, 자기 존중감 저하 등의 문제는 심리치료로 해결하는 것이 좋다. ADHD 아동은 무뚝뚝하고 인간관계에서 문제를 일으키는 방식으로 사회적 활동에 참여하기 때문에 또래들의 원성을 산다. 미숙하고 충동적인 행동으로 또래에게 따돌림당하는 경우도 있다.

ADHD 아동은 다른 사람의 말에 끼어들고 말을 듣지 않는 등 부적절한 방식으로 의사소통을 하고 공격적인 방식으로 인간 문제를 해결한다. 따라서 아이 메시지 message로 자신의 감정을 표현하거나 친구들의 이야기를 듣는 연습이 필요하다. 자신의 말과 행동이 친구나 교사에게 미치는 영향에 대해서도 알려야 한다. 학교생활에서 자신이 중요한 만큼 타인의 삶도 중요함을 인식시킬 필요가 있는데, 이때는 강제적인 방법이 아닌 대화를 통해 스스로 문제점을 알게 해야 한다.

스스로 칭찬하게 하라

자아존중감이 낮은 ADHD 아이들에게는 학교생활에서 자신이 노력하여 긍정적으로 변한 모습에 대해 스스로 칭찬하도록 하는 것이 좋다. 부모나 교사가 하는 평가가 아닌 자신의 있는 모습 그대로를 인정하고 칭찬하게 하는 것이다.

자신이 잘하는 것을 찾거나 좋아하는 것에서 장점을 발견하는 것, 다른 사람들에게서 들은 긍정적인 말 등을 기억하여 적게 하고 그것을 말하도록 하는 것도 좋다. 가족이나 친구에게 자신의 장점을 적어오라는 과제를 내고 가지고 온 내용에 대해 이야기를 나눠보자. 자신의 의지나 뜻대로 잘 되지 않는, 예를 들어 가만히 있는 것이나 집중하는 것 등에 대해 생각해보게 하고 아이가 자신의 모습을 수용할 수 있도록 해야 한다.

잠재력을 끌어내라

ADHD로 진단 받은 아이로 인해 부모는 엄청난 스트레스를 받는다. 이로 인해 아이를 대할 때 여유가 없어져 더 많이 야단치고 지적하게 된다. 이러한 악순환은 아이와 부모의 관계를 악화시키고 문제를 더 키우게 마련이다. 이처럼 부모의 스트레스는 아이의 문제에 악영향을 미치고 악순환의 고리를 만든다.

부모는 아이의 문제에 약간의 거리를 유지할 필요가 있으며, 아이 외에 부모 자신의 즐거움과 정신 건강을 추구하도록 노력해야 한다. 부모들도 자신의 휴식시간과 자신만의 삶이 필요하다. ADHD로 진단 받은 아이들을 양육하는 일은 매우 많은 에너지를 필요로 하기 때문에 부모가 모든 시간을 아이를 돌보는 데 할애한다면 얼마 지나지 않아 탈진하고 부모와 아이 모두 힘겨운 상황에 놓이게 될 것이다.

가장 좋은 것은 부모가 아이의 장애에 대한 관점을 바꾸도록 돕는 것이다. '당신의 아이가 다른 아이들과 차이가 있다는 점에서 장애라고 할 수는 있으나 이 말이 전적으로 옳은 것은 아니다. 차이는 장애도 결함도 아니다. 그러한 차이는 잠재적인 재능과 기회일 수도 있다. 진단을 받은 아이들은 충동적인 행동을 하며 다른 사람을 혼란스럽게 만들기도 하지만 한편으로는 창의성, 대인관계 직관 등의 재능을 보이기도 한다. 아이가 ADHD로 진단받을 만큼 주의력과 집중력은 부족하지만 가지고 있는 창의성이나 기발한 아이디어는 풍부할 수도 있다.' 이처럼 ADHD 아이는 문제아일 수도 있고 재능을 가진 천재일 수도 있다.

- 마음에 들지 않는다며 무조건 야단을 치기보다는 아이와 좋은 관계를 형성하도록 조언한다.
- 다른 아동이나 형제와 비교하지 말고 아동을 모욕하는 말이나 폭력은 삼가며, 실수를 비난하지 않도록 한다.
- 아이에게 긍정적인 언어 표현, 밝은 얼굴 표정 등 애정을 표현해준다.
- 아이를 대신해서 결정을 내려주기보다는 스스로 옳은 결정을 하도록 도와주고, 아이의 장점에 초점을 맞춰서 칭찬을 자주 해주도록 한다.
- 스스로에게 부정적인 메시지를 보내지 않고 긍정적인 메시지를 보내고 스스로를 인정하도록 돕는다.
- 부모가 할 수 있는 최선은 아이가 가진 잠재력을 충분히 발휘하도록 아이의 감정과 사고, 행동을 존중해주는 것이다.

존중하고 지지하라

교사는 아이를 존중하고 지지해주어야 한다. 아이들에게 선생님이 하고 있는 일을 설명하는 것도 좋으며, 존중하는 마음으로 대하고, 훈계할 때는 왜 그래야 하는지 말하는 것이 좋다.

아이들에게 지금 자신의 모습이 어떤지 또는 나중에 커서 무엇이 될 거냐며 비난하는 것보다는 자신이 무엇에 흥미가 있는지 찾게 하고 무엇이든 스스로 사고하고 판단하도록 이끌어야 한다.

다르다는 사실을 인정하라

교사의 입장에서는 학급 학생들이 규칙을 지키고 조용하고 차분한 가운데 공부를 하게 하려면 산만한 아이, 즉 ADHD 아이들의 행동을 통제할 필요가 있다. 또한 가만히 두면 모든 아이들이 따라할 것 같은 불안감에 초기에 잡아야겠다는 생각을 많이 하게 된다.

그러나 ADHD 아동에게 노는 시간을 빼앗으면서 과제를 주거나 벌을 주면 아이의 행동은 더 나빠지거나 나아지지 않을 가능성이 높다. 이런 식의 행동 통제는 악순환을 초래한다. 교실에서 움직이지 않고 쉬는 시간에 놀지 못한 아이는 다음 수업시간에 더 산만해지고 과잉행동을 많이 하게 될 것이다. 차라리 쉬는 시간을 빼앗는 대신에 쉬는 시간을 짧게 자주 주는 게 효과적이다.

또한 산만함을 고치려고 애쓰기보다는 아이의 강점을 칭찬해주는 것이 더 낫다. 특히 행동을 수정한다는 이유로 아이를 틀 속으로 넣으려고 해서는 안 된다. 행동 통제는 힘들어 하지만 자신을 있는 그대로 수용하는 사람이라는 생각이 들면 마음을 잘 표현하고 상대방의 이야기를 잘 듣기 때문이다.

아래의 상황을 생각해보자.

희수는 과학시간에 조용히 앉아 곤충의 구조에 대해 설명하는 교사의 말에 집중하고 있다. 그 정보 가운데 어떤 것은 교과서에서 읽은 내용과 같다. 희수는 선생님이 말하는 것에 주의를 기울이고 열심히 적고 있다. 다음 주에 곤충의 구조에 대한 시험이 있기 때문이다.

지민이는 자리에 앉아 있기가 힘들다. 선생님은 곤충의 3가지 구조에 대해 열심히 설명하지만 지민이는 창문 밖에 날아다니는 나비를 보고 그걸 잡아서 관찰하고 싶은 마음뿐이다. 나비가 어떻게 날 수 있는지, 먹이는 무엇인지 알고 싶다.

희수는 많은 교사들이 좋아하는 아이이다. 조용하고 차분하고 수업 분위기를 좋게 만든다. 그러나 지민이는 교사의 설명은 아랑곳하지 않고 창밖의 나비에만 관심을 가지면서 번잡스럽기까지 하다. 그래서 많은 교사들이 지민이에 대해 '정말 싫다. 미치겠다. 받아주는 것도 한두 번이지. 어떻게 해야 할지 모르겠다'고 생각한다.

위 상황에서 두 아이에 대한 교사의 상반된 평가는 이변이 없는 한 고등학교까지 이어질 것이다. 왜냐하면 대부분의 교사들은 희수의 삶을 살아온 모범생이었기 때문이다.

그러나 학교에서 칭찬받고 인정받는 희수가 괜찮은 아이이고, 지민이는 문제가 많다고 단정 지을 수 있을까? 무슨 근거로 두 아이를 판단하는가?

어떤 면에서 지민이가 실패하는 이유는 틀이 좁은 학교 체계 때문이거나 모범생을 교사로 만든 임용제도의 문제일 수 있다. 공부는 못 하지만 창의적이고 개성이 강하며 자유로운 사람이 교사로 채용되는 구조라면 ADHD 아이들이 교사가 될지도 모른다.

ADHD 아이들을 대하는 교사의 자세

교사들은 ADHD 아이들에게 준비물, 과제물 등을 잊지 않고 챙기도록 일상생활을 조직하고 계획하도록 끊임없이 강조한다. 이 아이들에게 일일이 지시하고 한계를 설정하며, 학급 규칙을 지키도록 강요하고, 시간 엄수, 타인의 계획 존중 등을 반복적으로 가르치려고 한다.

교사들은 숙제나 준비물 챙기기 등 ADHD 아이가 제대로 하지 않는 일에 대해 너그럽게 봐주거나 옳지 않은 방식으로 하는 것을 눈감아주지 못한다. 아이 스스로 자신의 삶을 통제할 수 있도록 하기 위해 교사 자신의 통제 욕구를 포기하지 못하고 끊임없이 강요하는 것이다.

ADHD 아이에게 과제를 줄 때 교사는 계획한 시간보다 좀 더 많은 시간을 주는 것이 좋다. 이 아이들은 계획에 따라 자신이 왜 움직여야 하는지를 이해하지 못하고 상황에 따라 변하는 것을 자연스러워하므로 그것을 어느 정도 허용해주어야 한다.

또한 교사는 자신의 계획대로 되지 않거나 행동 변화가 심한 것을 견디기 힘든 사람임을 이 아이들에게 알릴 필요가 있다. 이 아이들을 제대로 통제하지 못하여 좌절감을 느낄 경우 다른 일을 통하여 통제 욕구를 해소하고, 아이로 인해 학급을 구조화하고 조직하는 데 어려움이 있다면 다른 시간과 공간에서 그 욕구를 해소하는 것이 좋다. 우리 반 ADHD 아이의 행동이 교정되지 않는 것은 선생님만의 책임이 아니기 때문이다.

학급에서 통제하기 어려운 아이들 때문에 어쩔 수 없는 상황에 자주 부딪치면서 교사들은 엄마에게 전화를 하여 하소연을 하거나 도움을 요청하게 된다. 그러나 이러한 담임의 잦은 전화는 엄마에게 엄청난 스트레스가 된다.

ADHD 아이들의 산만하고 차분하지 않는 모습이 답답해 보이는가? 반대로 그 아이들의 눈에는 교사의 모습이 어떻게 비춰질까? 교사들은 그 아이들을 있는 그대로 바라보고 수용하기보다는 자신의 뜻과 의지대로 바로잡으려고 한다. 그러나 과연 무엇이 진정으로 그 아이들을 위하는 것인지 다시 한 번 고민해 봐야 한다.

아이들의 사춘기, 그리고 왕따

6학년 아이들의
문제행동

　아이들에게 6학년이 되어서 기쁜 이유를 물어보면 '나이가 가장 많다, 초딩 최고 학년이 되었다, 왕이 되었다, 초등학교 대선배가 되었다, 제일 높은 학년이다, 제일 큰 언니가 되었다' 등을 꼽는다.

　6학년 아이들에게 최고 학년이라는 의미는 뭔가를 할 수 있는 힘을 가졌다는 자만심으로 나타난다. 그래서 아래 학년에게 선배로서 힘을 과시하는 것이 당연하고, 다른 학교 아이들에게는 자기 학교의 힘을 자랑해야 하는 등 대단한 존재가 된 듯한 착각을 한다.

6학년이 되면 달라지는 것들

자신과 집단에 대한 강한 자존심 | 6학년이 되면 아이들은 개성이 강해지면서 자신이 뭔가 문제가 있는 것처럼 보이는 것에 대해 예민한 반응을 보인다. 내면의 힘이 강해지면서 스스로 자존심을 세우기 시작하는 것이다.

이들은 친구나 후배, 부모나 교사가 자신을 조금만 무시하는 것처럼 느껴도 발끈한다. 이런 점을 고려할 때 6학년 아이들을 친구들 앞에서 야단치거나 체벌하는 것은 효과적이지 않으며 오히려 역효과를 낼 확률이 높다.

모든 아이들이 그렇겠지만, 부모님을 탓하면서 야단치는 것은 특히 6학년 아이들에게 치명적인 분노를 부른다. 다른 학교와 집단으로 싸움을 일으키는 이유도 살펴보면 자기 학교를 무시했다느니 우리 반 아이를 괴롭혔다느니 하면서 자신뿐만 아니라 집단에 대한 자존심이 강해지는 시기이기 때문이다.

공부에 대한 압박감 | 아이들은 조금 있으면 중학생이니까 지금부터 공부를 더 열심히 해야 하고 대학에 가려면 차근차근 준비를 해야 한다는 압박을 부모로부터 매일 받는다. 컴퓨터나 TV를 차단당하고 놀 시간이 줄어드는 반면, 학원 수강과 방과 후 학습량은 늘어난다. 성적과 학업에 대한 스트레스와 중학생이 되는

것에 대한 불안이 합쳐지면 아이들은 안정된 마음에서 공부를 하지 못하고 부담감만 늘어난다.

신체의 발달과 성적인 호기심 | 여학생들은 몸이 빠르게 발달하면서 자기 관리가 되지 않으며 성적인 호기심이 커진다. 남자아이들은 야동에 노출되면서 여자아이를 성적 대상으로 생각하기도 한다.

이성친구를 사귀는 것에 대해서 대부분의 초등학교 아이들은 친한 친구 정도로 생각하지만 6학년이 되면서 점차 신체 접촉이 포함되는 경우가 많다. 손을 잡는 것은 자연스러운데, 간혹 성적인 접촉이 집단으로 이루어질 때도 있다.

중학생이 된다는 불안감 | 유치원 아이들이 초등학교에 입학하면서 느낄 수 있는 기대와 불안, 두려움을 중학교에 가야 하는 6학년 아이들도 가진다. 아이들은 많은 과목과 담당 교사, 엄격하게 적용되는 교칙이나 징계, 학교 선배에 대한 막연한 두려움을 느낀다. 특히, 선배들이 말을 안 들으면 어떻게 한다더라 하는 루머는 아이들을 더 불안하게 한다. 따라서 곧 중학생이 될 아이에게 너무 많은 두려움을 주지 않는 것이 좋다.

중학생이 되었을 때 겪는 가장 큰 어려움은 학교와 선생님에 대한 적응이다. 중학생이 되는 아이에게 필요한 것은 지켜야 할 교칙이 많아지고 공부할 시간이 늘어난 것에 대한 격려와 위로이다.

집단행동을 통한 과시욕 | 6학년은 함께 뭉치면 용감해진다. 아이들은 집단의 힘을 빌려 자기 존재감을 과시한다. 그 방법 가운데 하나가 학급이나 학교 단위의 패싸움이다.

싸움의 원인을 살피다 보면 정황이 그려진다. 우리 학교를 무시했다느니, 욕을 했다느니 등의 말을 하면서 흥분하는 아이들은 집단의 힘을 보여주고 싶어서 뭉쳤다. 양쪽에서 거의 비슷한 수준의 힘을 보여주면 싸움이 끝나지만 한쪽이 졌다는 생각을 하면 싸움은 몇 번 더 일어난다.

집단으로 친구를 따돌리는 일도 자주 발생한다. 학교끼리의 집단행동과는 달리 한 친구를 따돌리는 것은 보다 지능적인 측면이 있다. 이전부터 따돌림을 당하던 한 아이를 6학년 아이 모두가 싫어한다거나 6학년에서 짱인 아이에게 걸린 한 아이를 지속적으로 괴롭히기도 한다.

반항하는 아이들

어른은 무조건 싫어한다 | 어른을 싫어하는 아이들은 인간에 대

한 신뢰가 매우 약하므로 담임이 생활지도를 하는 것이 힘들다. 아이들은 신뢰하지 않는 대상에게 마음을 열지 않고 끊임없이 반항하기 때문에 가장 먼저 아이의 믿음을 얻어야 한다. 만약 교사가 아이의 행동을 수정하려고 강하게 통제하면 관계 형성에 실패하게 된다. 그 결과 담임은 1년간 통제권을 상실할 뿐만 아니라 공격 표출의 대상이 되고, 아이의 문제행동은 더욱 심각해진다.

담임의 화를 자극하여 자신에게 화를 내도록 자극하는 아이들의 마음에는 '난 쓸모없는 존재'라는 생각이 자리 잡고 있다. 그래서 무의식적으로 자신을 함부로 대해주기를 바라는 마음을 담임에게 드러내고, 담임의 화나 짜증을 유발시키려 한다. 이때 아이들의 무의식은 '거봐! 난 쓸모없다니까!'라는 말을 한다. 아이의 무의식적인 투사에 말려들면 아이와 전쟁에 가까운 싸움을 해야 한다. 말려들지 않으려면 끊임없이 '넌 괜찮은 애'라는 메시지를 전달해야 한다.

형식적인 반성을 되풀이한다 | 문제행동을 하는 아이들은 거짓말을 하거나 말뿐인 반성을 한다. 특히 머리를 굴리는 6학년 아이들은 심하다. 교사의 반복적인 잔소리가 듣기 싫으면 '다시는 안 하겠다'는 반성 섞인 다짐을 한다. 그러나 이것은 상황 모면을 위한 거짓말일 뿐이다. 그 순간 할 말이 없어진 교사는 재차

다짐을 받고는 싸움을 멈춘다. 하지만 거짓말로 아이는 난처한 상황을 모면할 뿐만 아니라 마음에 있는 진짜 이유를 말하지 않아도 된다. 이것이 반복되면 아이의 마음은 황폐해지고 문제행동은 해결하기 어려워지며 교사들은 지치게 마련이다.

아이가 '다시는 그러지 않겠다'는 말을 할 때 넘어가지 말고 '다시 그렇게 해도 괜찮아. 그것보다는 네가 왜 자꾸 그렇게 하는지, 그렇게 하는 네가 걱정되고 안타까워'라는 반응을 하는 것이 더 효과적이다. '부모님은 고마우신 분이니까 말을 잘 들어야죠. 공부도 열심히 할 거예요' 같은 도덕적이고 의뢰적인 말을 할 때에는 '공부를 왜 열심히 해야 하니? 부모님이 고맙다고 말을 꼭 잘 들어야 하는 이유가 있니?' 등의 질문을 통해 아이가 마음에 없는 형식적인 말이 아닌 마음속 이야기를 하도록 해야 한다.

때로는 교사의 솔직한 심정을 직접적으로 표현하는 것도 좋다. 아이와 신뢰가 형성되어 있다면 '저 이젠 가출 안 하고 공부도 열심히 하고 지각도 안 할 거예요'라는 말을 듣는 순간, '입에 침이나 바르고 거짓말 해. 이 자식아. 그 말을 나보고 믿으라고? 웃기고 있네' 하며 친구 사이 같은 솔직한 대화를 통해 아이의 얼어붙은 마음을 녹이는 것도 효과적이다.

학교 밖에서 문제를 드러내다 ｜ 6학년 아이들은 학교를 벗어나 문제를 일으키기 시작하면서 문제행동이 더욱 대담해지고 심각해진다. 도벽을 예로 들면 학교뿐만 아니라 동네 빈 집, 친구 집 등으로 영역이 확대된다. 경찰서에 잡혀가는 일도 생기고 가출하는 일도 발생한다.

가출을 하는 이유는 집이 싫기 때문이다. 아이들은 견딜 수 없을 정도로 가족 상황이 부정적이거나 가정폭력, 부모 싸움 등이 있을 때 집을 나간다. 가족 문제가 해결되지 않으면 아이는 가출을 반복하게 된다.

흡연을 시작하다 | 사춘기 연령이 낮아지면서 초등학교 때 흡연을 시작하는 아이들이 많아지고 있다. 중학생 아이들을 만나서 이야기를 해보면 많은 아이들이 6학년 때 담배를 피우기 시작한다. 아이들은 자신의 흡연이 부모나 교사를 놀라게 한다는 것을 즐기는 면이 있다. 어른들이 싫어하는 것을 하고 싶어 하는 반항기이기 때문이다.

6학년 교사에게 필요한 것들

반항에 대한 원인 파악 | '전이'란 내담자가 자신의 중요한 타인에게 느꼈던 긍정적·부정적인 감정, 환상을 상담자에게 이동시키는 것을 말한다. 예를 들어, 아이들이 부모님에게 느꼈던

긍정적이거나 부정적인 감정, 기대 등을 담임에게 투사시키는 것이다.

깨끗하게 책상을 정돈하라며 잔소리를 하고 깔끔함을 강조하는 엄마를 싫어하는 아이는 교실 청결을 강조하는 담임을 싫어하고 엄마에 대한 분노를 담임에게 표출할 가능성이 높다. 평소에 예의를 강조하고 바른 말 고운 말을 쓰라고 다그치는 엄마의 말을 듣고 싶지 않은 아이는 욕을 하지 말라는 담임의 말에 반항하고 보란 듯이 더 심하게 욕을 할 수도 있다.

전이와는 반대로 '역전이'는 교사가 자신의 부모에게 느꼈던 긍정적이거나 부정적인 감정, 기대 등을 학생에게 이동시키는 것을 말한다. 책임감은 없으면서 말이 많았던 아버지를 싫어했던 교사가 맡은 일은 하지 않으면서 불평불만을 하는 학생을 미워하는 것이나, 정리정돈을 깔끔하게 한 어머니를 좋아했던 교사가 청소를 잘하는 아이를 좋아하는 것 등이 역전이의 예이다.

통 크게 대응하는 자세 | 도저히 아이들을 제지할 수 없을 때 감정적으로 대처하고 약한 모습을 보이거나 다른 교사의 도움을 받게 되면 아이들은 담임을 더 무시한다. 힘들면 학급 아이들에게 당당하게 조언과 도움을 구하라. 학급 아이들을 담임 편으로 만들어야 한다.

6학년은 더 이상 교사의 말을 고분고분 잘 듣는 초등학생이 아니다. 저학년처럼 좁은 틀에 가두고 도덕과 규칙을 강요하는 것은 담임과의 갈등을 부를 뿐이다.

이제 아이들을 좀 더 넓은 시각으로 바라볼 필요가 있다. 집단 행동을 하는 6학년 아이들에게는 짱이 존재한다. 그 아이와 대척하면 1년이 괴롭다. 학급 활동에 그 아이의 힘을 활용하려면 그 아이와 좋은 관계를 맺어야 한다.

최고 학년으로서 위신을 세워줄 필요도 있다. 야동이나 이성 친구, 흡연, 집단 패싸움 등의 일이 발생했을 때 아이들보다 더 통 크게 대응하라. 대수롭지 않게 여기는 모습을 통해 교사가 한 수 위에 있어야 아이들을 이길 수 있다.

> **Advice 06**
>
> 6학년 아이들은 교사가 권위적이거나 자신을 이해하지 못할수록 더 강하게 반발하고 집단으로 힘을 과시한다. 교사가 순하거나 여릴수록 아이들은 부모에게서 받은 상처를 드러내면서 자신을 봐달라고 아우성친다. 물론 많은 교사들은 6학년 아이들이 드러내는 아픔을 수용할 여유가 없다. 그러나 아이들의 특성과 그 문제행동을 파악하고 이해하려는 마음만 있다면 갈등의 골은 더 이상 깊어지지 않을 것이다.

..2

따돌림을
당하는 아이들

피해의식이 있는 아이들은 다른 친구들이, 선생님이, 세상이 자신을 싫어한다고 생각한다. 자신을 싫어한다는 생각은 알게 모르게 상대방에게 전해져서 상대방이 이 아이들을 싫어하게 만든다. 이런 점 때문에 피해의식이 강한 아이들은 따돌림을 당할 가능성이 높다. 또한 친구들이 자신을 싫어할 것이라는 생각 때문에 다가가는 것을 주저하게 되고 '같이 놀자'나 '사이좋게 지내자'라는 말을 못 한다. 그러면서 친구들이 자신을 싫어해서 놀지 않는다고 말한다.

피해의식은 친구관계뿐만 아니라 일상생활에도 부정적인 영향을 미친다. 피해의식이 있는 아이와 상담을 할 때는 자신과 남의 생각이 사실과 다를 수 있다는 것을 인식시킬 필요가 있다.

따돌림 당하는 아이들의 특성

피해의식이 있다 | 학생들을 상담하면서 느낀 점은 가장 변화가 어려운 아이들이 피해의식을 가진 아이들이라는 것이다. 아이들의 피해의식은 대개 부모들을 통해 형성된다. 부모가 피해의식을 가지고 있으면 대부분의 아이들은 피해의식을 가지게 된다. 그리고 형제 사이에서 차별을 받았다고 느끼는 아이들도 피해의식을 가지고 있다. 피해의식은 자신의 경험을 근거로 서서히 형성되기 때문에 치료하는 데 많은 시간이 걸린다.

고자질을 한다 | 따돌림을 당하는 많은 아이들은 선생님께 고자질을 한다. 왜 아이들은 고자질을 할까? 고자질을 많이 하는 아이를 만났을 때 아이는 친구들이 놀릴 때 고자질을 하는데 그때 선생님께 혼나는 아이들을 보면 시원하고 고소하다고 했다.

자신이 혼내고 싶은 아이에게 대신 야단을 쳐주니 얼마나 통쾌하겠는가? 그래서 따돌림을 당하는 아이의 고자질은 늘어난다. 하지만 고자질을 하는 아이의 말을 듣고 다른 아이를 야단치면 그 아이의 문제가 커질 우려가 있으므로 그 아이가 하고 싶은 말을 직접 하도록 훈련시키는 것이 좋다.

표현력이 부족하다 | 친구들에게 따돌림을 당하거나 괴롭힘을 당해도 말없이 참으면서 아무에게도 말을 하지 않는 아이들이 있다. 그런 점 때문에 더 따돌림과 괴롭힘을 당하게 된다.

자신의 의사를 표현하지 못하는 아이들에게는 별도로 자신의 주장을 피력하는 훈련을 시킬 필요가 있다. 역할극을 하면서 괴롭힘을 당하는 역을 주고 자신의 의사를 분명히 표현하도록 해보자. 많은 아이들이 처음에는 목소리가 작지만 여러 번 반복하면 점점 목소리가 커진다. 그와 동시에 '넌 할 수 있다'라는 메시지를 주고, 칭찬을 해준다.

자신의 장점을 찾아보라는 과제를 주는 것도 좋다. 처음에는 자신의 장점을 전혀 찾지 못하는데, 교사가 아이의 장점을 말해주면서 그대로 따라서 말하라고 한다. 어색하게 따라하던 아이는 서서히 자신의 장점을 찾는다. 이 과정을 통해 조금씩 자신감을 갖는다.

따돌림 당하는 상황 해결하기

원인을 파악한다 | 학기 초에는 어색해하고 눈치도 보며 서로의

힘을 파악하느라 좋은 점이나 피상적인 부분만 드러내지만 서서히 친구들과 친해지고 편안해지면 자신의 색깔을 그대로 드러내면서 따돌림이 발생한다. 학급에서 따돌림이 발생했을 때 담임은 가장 먼저 그 원인을 파악해야 한다. 원인을 파악할 때 따돌림은 복잡한 양상을 띠고 부모들이 연관될 가능성이 크며, 피해를 당하는 아이나 시키는 아이의 친구관계에 지속적으로 악영향을 미칠 수 있다는 점을 고려해야 한다.

따돌림 당하는 아이의 특성을 살핀다 | 옷차림이 깔끔하지 못한지, 잘 씻지 않아서 냄새가 나는지, 얼굴이 못생겼거나 심하게 뚱뚱한지 등 아이들이 싫어할 수 있는 요인이 없는지 살핀다. 자신이 모든 것을 주도하지 않으면 안 되거나 친구를 괴롭히지는 않는지, 자신감이 없거나 친구들이 자신을 싫어할 거라는 두려움으로 가까이 가지 못하는지, 책임감이 없어서 모둠활동에 불성실한지 등을 계속해서 살핀다.

피해의식이 많아서 자신이 무시당하고 차별받는다는 생각을 갖고 있지는 않은지, 불안이나 분노가 많아서 적절하지 않게 감정을 표출하지는 않는지, 자신의 잘못을 인정하지 않고 핑계를 대고 있지는 않는지 등도 함께 살핀다.

말과 행동에서 또래에 비해 어리거나 애어른 같은 태도를 가지고 있지 않은지, 친구들에게 상처를 주는 말과 행동을 하는지,

친구들의 학교생활을 간섭하거나 고자질하지는 않는지 등의 특성이 있는지도 파악한다. 경제적으로 아주 형편이 어려운 집안인지, 다른 아이들과 달리 아주 부유한 환경인지 등도 살핀다. 아울러 부모의 직업적인 특성과 그것이 학생에게 미치는 영향, 부모의 심리적인 행동 특성 등도 함께 고려해야 한다.

따돌림 당하는 아이와의 개인 상담 │ 학급에서 따돌림이 발생했을 때 교사가 제일 먼저 해야 할 일은 따돌림을 당하는 아이와 상담을 하는 것이다. 이때 염두에 두어야 할 것은 따돌림을 당하는 또는 당한다고 생각하는 많은 아이들은 '모든 아이들이 자신을 싫어한다'고 생각한다는 점이다. 그러나 차근차근 이야기를 풀어가다 보면 '모든 아이들이 자신을 싫어하지 않는다'는 것을 알게 된다.

'모든 아이들이 자신을 싫어한다'는 생각과 '나를 싫어하는 애들도 있다'는 생각은 아이의 친구관계와 자신감에 많은 영향을 미친다. 아무리 왕따를 당하는 아이일지라도 모든 아이들에게 미움을 받지는 않는다. 따돌림을 당하는 아이들은 다른 아이들이 자신을 싫어한다고 말하지만 자신이 먼저 친구에게 다가가지 않고 친구들이 자신을 끼워주기를 바라거나 함께해야 하는 활동에 소극적으로 참여하여 다른 친구들을 난처하게 하기도 한다.

그리고 왕따를 당하는 많은 아이들은 친구들이 자신을 왜 싫어하는지 알지 못한다. 물어볼 엄두가 나지 않는 경우도 있지만 친구들이 자신을 싫어하는 이유에 대해 관심이 없고 단지 친구들이 자신을 싫어하는 그 자체에만 예민한 반응을 보인다. 그래서 아이들에게서 더 미움을 받는다.

내면의 힘은 있지만 따돌림을 당하는 아이의 단점을 고치려면 친구들이 왜 자신을 싫어하는지 왜 함께 놀고 싶어 하지 않은지 알아야 한다. 이를 위해서 학급 아이들이나 다른 친구들에게 자신의 단점이 무엇인지, 왜 자신이 싫은지에 대해 물어보는 숙제를 내주는 것이 좋다. 그러면 의외로 많은 아이들이 친구의 단점에 대해 솔직하게 적어준다. 그것을 토대로 아이와 자신의 문제에 대해 이야기를 나누고 고치려는 노력을 하면 효과적이다. 그러나 따돌림을 당하는 많은 아이들이 친구들이 적어준 자신의 단점을 인정하는 데에는 시간이 필요하다.

따돌림 당하는 아이를 살피는 교사의 자세

교사의 영향력 | 교사가 평소에 따돌림을 시키거나 당하는 아이에 대해 어떤 마음을 가지고 있으며, 그 아이들에게 어떤 반응을 했는지 살펴보자. 예를 들어 따돌림을 시킨 아이가 평소 주도

적이고 적극적인 성격이라서 교사가 호감을 가지고 칭찬을 많이 했을 수 있다. 반대로 자신의 생각만 내세우고 이기적인 느낌이 들어서 마음에 들지 않았을 수도 있다. 따돌림을 당하는 아이가 사사건건 따지고 피곤하게 해서 싫어하거나 엄마로 인해 생긴 문제로 보여서 안쓰러운 마음을 가지고 있을 수도 있다.

앞의 예는 사소한 것처럼 보이지만 아이를 대하는 교사의 반응이나 마음이 학급 따돌림에 영향을 미칠 수 있음을 의미한다. 특히 주도권 싸움을 강하게 하는 고학년 아이들에게는 강한 영향을 미친다. 표면적으로 드러난 것이든 암묵적인 것이든 담임에게서 상반된 평가를 받는 두 아이 사이에 따돌림이 발생하였을 때 교사가 다른 반응으로 대처할 가능성이 높다.

교사가 자신도 모르는 사이 학급 따돌림을 양성시킬 가능성도 있다. 친구들 일에 간섭을 하고 여의치 않으면 고자질을 잘하는 아이를 학급 아이들이 따돌린다는 이유로 두둔하게 되면 학급 아이들은 그 아이를 더 싫어하게 된다. 반대 상황도 마찬가지인데 친구를 무시하거나 은근히 소외시키는 아이에게 심부름을 시키거나 일을 맡기면 이 아이를 따돌림시키는 행동 역시 지속될 것이다.

이처럼 교사의 무의식적인 말이나 행동이 아이들에게 영향을 미칠 수 있다. 이것은 학생들과 대부분의 시간을 보내는 초등학교 교사에게 중요한 의미가 있다. 공부를 못 하는 아이를 이해하지 못하는 교사라면, 그 아이가 따돌림을 당하는 데 일조할 수 있다. 교사의 좁은 이해심이 학급 아이들이 다른 아이들을 수용하는 데 영향을 미치는 것이다.

객관적인 접근이 필요하다 ┃ 담임이 아이에게 현명하게 대처하지 못하면 그 아이와 함께 왕따를 당할 수 있다. 고자질에 교사가 휘말려들어서 문제를 더 복잡하게 만들 수 있기 때문이다. 선생님은 왕따를 당하는 아이를 보호하고 싶은 마음에, 혹은 고자질의 내용이 야단을 칠 만한 내용이기 때문에 그 순간 야단을 치게 된다. 결과적으로 아이는 고자질쟁이라는 말을 듣고 따돌림을 더 당할 가능성이 있다. 나아가 피해 아이의 의존심을 기르게 된다.

따돌림 문제가 발생했을 때 많은 교사들은 괴롭히는 아이들의 잘못에 무게를 두고 피해를 당하는 아이들을 무조건 편들어야 한다는 생각을 하는 경우가 많다. 그러나 이 문제는 좀 더 객관적으로 접근할 필요가 있다. 아이의 마음을 보살피되 피해자 아이의 특성이 바뀌지 않으면 차후에도 관계에서 어려움을 겪기 때문에 따돌림당하는 원인을 찾아 해결하도록 도와야 한다.

따돌림 당하는
아이의 부모와 상담하는 방법

부모와 근본적인 원인을 파악한다 | 부모가 왜 피해의식을 가지게 됐는지에 대해서는 구체적으로 알 수 없지만, 부모들의 피해의식은 자녀를 매개로 교사와 학교를 오해하는 것으로 나타난다. 따라서 건강하지 못한 부모의 피해의식이 왕따를 당하는 아이와 연관되어 있다면 문제가 커질 수 있다.

학부모의 피해의식이 개입된 학급의 왕따 문제는 교사를 지치게 하고 상처받게 한다. 안타까운 것은 부모의 피해의식과 지나친 개입으로 해결하지 못한 따돌림 문제는 아이에게 지속적으로 친구나 사람과의 관계 형성에 부정적인 영향을 미친다는 점이다. 그래서 따돌림을 당한 아이의 심리적 상처는 반드시 치료해야 하고, 근본적인 원인을 찾아서 해결해야 한다. 이를 위해 교사가 해야 할 가장 중요한 일은 피해의식을 가진 엄마와 상담하는 것이다.

피해의식을 가진 어머니들이 말을 할 때는 'if~(~했다면)' 구문을 사용하는 것이 효과적이다. 피해의식이 강한 학부모는 은근히 상대방의 기분을 상하게 하기 때문에 이성적으로 대화하는 것이 쉽지 않다. 그래서 계속 if~ 구문으로 대답하여 상대방의 기분이 풀어지도록 해야 한다. 기분이 풀어지고 난 뒤 교사의 입장

이나 아이의 문제에 대해 객관적인 자료를 제시하면 더욱 효과
적이다.

아이 스스로 해결하도록 돕는다 | 아이들은 친구들과 사이좋을
때도 있지만 싸움을 하기도 한다. 그래서 싸움은 아이들 스스로
푸는 것이 좋다. 친구와의 갈등을 푸는 과정에서 친구의 입장을
이해하고 수용하는 힘을 기르고 터득하게 마련이다. 그러나 많
은 부모들은 아이가 친구를 사귀는 과정에서 발생하는 갈등이
풀릴 때까지 기다리지 못하고 불안해한다. 그래서 직접 나선다.
결국 아이는 친구를 사귀는 방법과 그 과정에서 자신을 성찰하
고 성장할 기회를 박탈당한다.

Advice
07

학급의 따돌림 문제를 해결하는 과정에서 교사가 자신의 문제를 발견
할지라도 자신을 비난하지 말기 바란다. 우리는 누구나 실수를 할 수
있으며 실수한 경험이 쌓여서 교직 경력이 되는 것이다. 어떤 상황이
되었든 자신을 비난하는 것은 옳지 않다. 담임교사인 자신이 따돌림에
대해 어떤 생각을 갖고 있는지 냉정하게 점검해야만 학급 따돌림 문
제를 정확하게 파악하고 합리적으로 해결할 수 있다.

..3

따돌림을
시키는 아이들

　따돌림을 시키거나 괴롭히는 아이들에 대해 교사들은 비난을
하거나 무턱대고 야단을 친다. 하지만 비난하기에 앞서 왜 아이
가 그런 선택을 하였는지, 어떤 상처나 고통이 있는지 등 아이가
친구를 괴롭히는 이유를 찾아보아야 한다. 그것만이 또 다른 왕
따나 괴롭힘을 막는 방법이다.

따돌림을 시키는 아이들의 특성

죄책감이 없다 | 자신으로 인해 친구가 괴로움을 당할 수 있다

는 것에 둔감한 아이들은 자신의 고통이 가장 크다는 생각을 무의식적으로 갖고 있다. 죄책감이 없는 이유는 바로 이 때문이며, 과거에 자신이 누군가에게 억울하게 폭력을 당했거나 무시를 당했을 가능성이 있다.

이 아이들은 자신이 가진 분노가 강하기 때문에 상대방이 느끼는 고통은 대수롭지 않게 여긴다. 이 아이들의 따돌림을 막기 위해서는 아이들이 가진 분노를 먼저 풀어주어야 한다.

자존감이 낮다 | 따돌림을 시키는 아이들은 상대방 아이가 '지저분해서 또는 구질구질해서' 아니면 '공부를 못 해서' 싫다고 한다. 때로는 '잘난 척해서, 친구들한테 자기 욕을 해서'라거나 그냥 '재수가 없어서 그랬다'는 말을 한다. 이것은 따돌림을 시킨 아이가 친구를 수용하고 이해하는 폭이 좁음을 의미한다.

심리적으로 볼 때 타인에 대해 낮은 수용력을 갖고 있는 사람은 자신의 모습에 대한 수용력도 낮다. 누구나 공부를 못 할 수도 있고, 잘난 척하고 싶은 마음이 있으며, 친구 욕을 하고 싶을 때가 있다는 것을 알고, 그것이 본인의 모습일 수도 있다는 것을 인정하면 상대방이 그렇게 밉거나 싫지 않게 된다.

이처럼 따돌림을 시키는 아이들은 자신의 장점과 단점을 인정하는 데 어려움이 있으며, 이 아이들의 부모 역시 아이들의 이런 모습을 수용하지 못할 가능성이 있다.

힘을 과시하고 싶어 한다 | 자신의 힘을 과시하여 많은 아이들을 자기편으로 만들고자 하는 아이들이 있다. 이런 아이들에게는 누군가의 희생이 필요하다. 힘을 과시하고자 하는 아이들은 뭔가 부족한, 힘이 약하거나 공부를 못 하거나 장애를 가진 아이들, 즉 약한 대상을 골라서 지속적으로 때리거나 괴롭히면서 다른 친구들에게 겁을 준다. 이를 통해 아이는 자기편을 늘리고 다른 아이들이 자신을 두려운 아이로 생각하게 하여 복종하게 만든다. 그러나 이 아이는 그와 동시에 친구들의 진정한 우정이나 타인에 대한 너그러움을 경험하지 못하게 됨으로써 자신이 잃는 것이 더 많다는 것을 알지 못한다. 아직은 말이다.

따돌림시키는 상황 파악하기

어떻게 따돌림을 시키는가 | 1명이 지속적으로 또 다른 1명을 괴롭히는지, 소그룹이 1명을 따돌림시키는지, 소그룹이라면 친하게 지내던 그룹 가운데 1명을 괴롭히는지, 아니면 그룹 구성원 가운데 대상을 바꿔가면서 1명씩 따돌림시키는지, 그룹 구성원이 아닌 제3자를 괴롭히는지, 학급 전체가 그 아이를 따돌림 시키는지, 그보다 더 심각하게 학년 전체가 가해자인지를 파악해야 한다.

1명이 지속적으로 괴롭히는 경우는 눈에 잘 띄지 않고 관계가 좋을 때도 있기 때문에 가해자와 피해자 학생 모두에게 심리적으로 큰 상처를 남긴다.

소그룹이 1명을 따돌리는 경우는 친하게 지내던 아이들 사이에서의 사소한 오해나 다른 친구가 들어오게 되면서 발생한다. 이때는 서로 많은 비밀을 알고 있기 때문에 뒷담화로 소문이 퍼져나가고 그 과정에서 서로 오해가 커지며 싸움이 확산되어 가해와 피해의 구별이 모호해진다. 이러한 따돌림은 주로 여학생들 사이에 일어난다. 남자아이들이 소그룹으로 따돌림과 연관된 경우는 몇 명의 아이들이 힘을 과시하기 위해 성적이나 지능, 힘이 약한 아이를 놀리거나 괴롭힐 때 일어난다. 이 상황은 당하는 쪽 아이가 약자이고, 보복에 대한 두려움으로 교사나 학부모에게 말하지 않기 때문에 지속될 위험이 있다.

학급 전체가 한 아이를 따돌리는 경우는 분위기에 동조하지 않으면 자신이 따돌림당할 것 같은 두려움 때문에 문제가 확산된다. 이것이 학급을 넘어 학년 단위로 확대되면 문제는 걷잡을 수 없어지고, 초기 대응에 실패한 교사들도 무기력해질 수밖에 없다.

따돌림을 시키는 원인은 무엇인가 | 따돌림을 주도하는 아이는 자신과 다르거나 맞지 않는 친구를 인정하고 수용하기보다는 밀

쳐낸다. 심리적으로 볼 때 자신이 싫어하여 따돌림을 시키는 상대방 아이의 모습은 숨어 있거나 숨기고 싶어 하는 자신의 또 다른 모습이다.

따돌림을 시키는 다른 원인으로 생각해볼 수 있는 것은 가정환경이다. 가정에서 어떤 어려움을 겪고 있는지, 가족에게서 지나친 격려를 받는지, 아니면 괴롭힘이나 체벌 등을 당하는지 등을 파악할 필요가 있다. 가정에서 받은 스트레스나 받지 못한 사랑을 푸는 방법이 친구를 왕따시키는 것으로 표현되고 있는지도 모른다.

다음으로 생각해보아야 할 것은 아이들이 아닌 교육이나 사회 전반의 구조적인 문제이다. 대부분의 아이들은 말을 배우기 시작할 무렵부터 배움이나 놀이에 대한 즐거움을 느끼기보다 학습에 먼저 참여한다. 그것도 부모의 선택에 의해 강제적으로 참여하기 때문에 스트레스를 받는다. 아이가 잘되기를 바란다는 미명하에 아이들은 영어를 배우고 각종 악기를 배우면서 철저하게 기능적인 사람이 된다. 이 과정에서 아이들은 때로는 친구들과 싸우고 화해하며 가끔은 힘의 주도권을 갖기 위해 서로 밀고 당기는 등 놀이를 통해 배울 수 있는 경험을 하지 못한다. 뿐만 아니라 형제가 적기 때문에 가족 내 형제관계에서도 자연스럽게 싸우고 화해하는 과정을 배우지 못한다.

아이들은 가정에서 친구와의 갈등을 해결하는 방법이나 자신과 다른 친구와 어떤 관계를 형성해야 하는지 제대로 배우지 못했기 때문에 학교에서도 친구와 어떻게 지내야 할지 잘 모른다. 그런데 안타깝게도 학교 역시 아이들이 서로 갈등하고 화해하며 다름에 대해 배우거나 수용할 기회와 시간을 주지 않는다. 친구관계에서 일어나는 따돌림 문제를 학부모와 교사가 먼저 나서서 해결해버리기 때문이다. 그래서 따돌림은 직장과 사회로까지 확대될 수밖에 없다.

다름이나 개성을 수용하지 못하는 사회 분위기도 타인에 대한 수용력이 약한 아이들에게 그대로 전달된다. 아이들은 자신과 다른 때로는 조금은 부족한 친구들을 이해하기보다는 공격하거나 싫어한다. 이와 동시에 자신 역시 따돌림을 당하지 않을까 염려하고 두려워한다. 이런 점에서 보면 학생들에게 일어나는 따돌림의 근본적인 문제는 부모나 사회에서 시작되었다고 볼 수 있다. 안타깝고 슬픈 현실이다.

위급한 상황을 제외하자면 따돌림 문제는 일반적으로 시간을 두고 천천히 해결하되 학생들이 주도적으로 해결하는 것이 아이들의 성장에 도움이 된다. 어른들의 조급함과 걱정 때문에 많은 아이들은 친구관계 속에서 자신을 성찰하고 성장할 수 있는 기회를 놓치고 있다.

아이들이 집단으로 놀리거나 공부를 못 한다거나 지저분하다거나 사회 주류가 아니라는 등의 원인으로 발생하는 왕따 문제는 기본적인 생각들을 바꾸어주는 것에서부터 시작해야 한다. 아이들의 생각을 비난하기보다는 서로 이야기를 나누는 과정에서 자연스럽게 상대방을 이해하는 시간이 필요하다.

따돌림시키는 상황 해결하기

아이와의 개인 상담 | 그룹으로 한 아이를 따돌림을 시킨 경우라도 교사는 반드시 한 명씩 개인 상담한 뒤 그룹 상담을 해야 한다. 그룹 내에는 교사가 파악하지 못한 힘이나 권력 구도가 있다. 그래서 그룹을 함께 부르면 솔직한 이야기를 하지 않는다.

한 명씩 상담을 할 때는 야단을 치거나 비난하기 위해서 부른 것이 아님을 분명히 한다. 이때 교사가 명심해야 할 것은 상담의 목적이 따돌림과 관련된 객관적인 정보를 얻는 것이지 아이들의 잘못을 야단치기 위한 것이 아니라는 점이다. 그러므로 아이들이 하는 말이 어떤 내용이든 듣고, 말하기 어려운 부분은 글로 적게 한다.

개인 상담이 끝나면 따돌림을 시킨 아이들을 그룹으로 모아놓고 집단 상담을 한다. 따돌림을 시키게 된 계기는 무엇이며 누가 주도적으로 이 일을 이끌었는지, 그룹 내 친구들 사이에서 힘의 관계나 서열은 어떤지, 그룹에서 현재 소외될 기미가 보이는 아이는 누구인지, 그룹의 응집력은 약한지 강한지, 이 그룹이 유지되고 있는 이유는 무엇인지 등을 파악한다.

따돌림시키는 아이와 당하는 아이를 함께 상담한다 | 따돌림을 시키는 아이와 당하는 친구를 모두 개인적으로 상담하면서 서로의 생각과 입장을 듣는다. 이야기를 듣다보면 따돌림을 한 아이든, 당하는 아이든 모두 나름대로 이유가 있으며, 고통을 겪고 있다는 사실을 알게 된다. 그다음으로 해야 할 일은 아이들이 함께 서로의 입장이나 환경 차이를 확인하고 이해하는 장이 되도록 집단 상담을 하는 것이다.

이때 참여한 모든 아이에게 똑같은 시간과 기회를 주면서 하고 싶은 말을 하도록 한다. 한 명이 이야기하는 동안에는 누구도 이야기를 보태거나 반발하지 못하도록 한다. 각자 이야기가 끝나면 반박을 하거나 보충하도록 하고, 모두의 이야기가 끝나고 나면 느낀 점에 대해 말하도록 한다.

이러한 자리를 만드는 목적은 서로를 비난하기 위해서가 아니라, 서로의 상처를 보듬고, 다음에 똑같은 일이 일어나지 않도록 하기 위해서다. 서로에 대한 이해의 시간은 반드시 필요하다. 친구와 이야기를 나누면서 따돌림을 시키는 아이들은 자신이 얼마나 타인에게 상처를 주었으며, 그 상처로 인해 친구가 얼마나 많은 눈물을 흘렸는지 알게 된다. 그리고 따돌림을 당하는 아이들은 자신이 침묵하고 그 친구에게 당하고 있음으로 인해 더 많은 고통을 받았으며 괴롭힘을 당하지 않으려면 자신의 의견을 말해야 한다는 것을 깨닫게 된다. 이 과정에서 아이들은 친구와의 갈등을 해결하는 방법과 친구를 사귀는 방법을 몸으로 체험한다. 이것이 왕따를 통해 아이들이 배울 수 있는 교훈이다.

학급 단위의 따돌림 상담 | 학급 아이들이 따돌림을 시킬 경우 그 아이를 싫어하는 이유를 알아보기 위해서는 학급 아이들을 대상으로 이야기를 나눌 필요가 있다. 교사가 몰랐던 아이의 모습이 있을 수 있고, 학급 아이들이 아이에 대해 어떤 마음인지를 알 수 있으며, 힘의 구조를 파악할 수 있다.

학급 아이들의 이야기를 듣다보면 피해를 당한 아이를 싫어하는 이유가 분명하게 드러나지만, 몇 명의 아이들은 왕따를 당하는 아이에 대한 불만을 이야기하다가 이유 없이 놀리거나 괴롭혔다는 자신의 잘못을 인정하기도 한다.

이것이 끝나면 따돌림을 당한 아이와 상담을 한다. 처음에는 친구들의 반응에 대해 반박을 하지만 조금씩 자신의 모습을 고쳐간다. 이 과정을 통해 아이의 자아가 강해져서 학급 아이들의 솔직한 피드백을 받아들일 단계가 되면 따돌림 당하는 아이를 포함시켜 학급 상담을 한다.

이때 구체적으로 어떻게 변했으면 좋겠는가에 초점을 맞춰서 피해 학생이 고쳐줬으면 하는 점을 말하게 한 뒤, 고치려고 할 때 어떤 어려움이 예상되고, 그것을 위해 학급 아이들이 어떤 도움을 줄 수 있는지 이야기한다. 학급 아이들이 그 아이로 인해 담임교사와 힘들었던 점이나 담임의 대처에 대한 불만도 함께 이야기하도록 한다. 담임에 대한 불만을 이야기하는 것만으로도 억울함이 풀릴 것이다. 담임교사의 잘못이 있다면 사과하고 어떻게 하면 좋은지에 대해서도 의견을 듣도록 한다.

따돌림시키는 아이에 대한 교사의 자세

교사들은 왕따를 시키거나 괴롭히는 아이들을 비난하기에 앞서 원인을 먼저 찾아야 한다. 그 아이가 왜 그런 선택을 하였는지, 어떤 상처나 고통을 극복하기 위해 다른 친구를 괴롭히는지, 가정의 문제는 없는지 등 다양한 각도에서 원인을 탐색해야 한다.

우리 반 아이가 친구를 괴롭히거나 따돌림을 시킨 아이라면, 왕따를 시키고 괴롭혔다는 사실 자체에만 흥분하여 무턱대고 야단치거나 그 아이를 비난할 것이 아니라, 아이의 어떤 점이 친구 관계를 어렵게 하고 왕따를 일으키는지 살펴야 한다. 그 아이가 받은 상처와 그렇게 될 때까지 무슨 일이 있었는지 잘 살펴보자. 원인을 찾아서 해결하지 않으면 따돌림 문제는 계속 이어진다.

놀랍게도 상담을 하다 보면 따돌림을 시키는 아이와 당하는 아이들에게는 공통점이 있다. 그중 첫 번째는 가정에서 건강한 관계를 맺지 못했다는 점이다. 그 이유는 지금 현재 가족이 화목하지 못하거나, 과거에 경험한 충격적인 사건으로 인해 아이 스스로 가족에 대한 신뢰를 잃었기 때문일 수도 있다. 그리고 두 부류의 아이들 모두 자신에 대한 존중감이 낮고 스스로를 부정적으로 생각한다는 점이다. 자신에 대한 부정적인 평가 때문에 한 아이는 당하고만 있고, 다른 아이는 힘을 과시하기 위해 괴롭히는 것이다.

따돌림시키는 아이의 부모와 상담하는 방법

부모의 마음을 헤아려라 | 학부모를 만나면 첫마디는 반드시 그 사람의 마음을 헤아려주는 말로 시작해야 한다. 그리고 그 아이의 장점을 칭찬해야 한다. 학부모가 표현하는 속상한 마음을 받아 그들의 편견을 고치려고 하지 말자. 그건 학부모의 몫이다.

따돌림 문제를 해결하기 위해 피해나 가해 학생 부모를 상담하다보면 부모들은 속상해하면서도 한편으로는 아이에 대한 분노나 화남, 짜증도 가지고 있다는 것도 알아야 한다. 이 복잡한 심정을 표출하는 대상이 교사가 될 수도 있다. 이때 자칫 교사가 당신이 자식을 잘못 키워서 이런 일이 생겼다는 부모의 죄책감을 자극하면 감정싸움을 할 수 있다. 먼저 따돌림과 관련된 부모의 속상한 마음을 받아주고 풀어주는 것이 좋다.

부모와 아이, 모두에게서 들어라 | 교사는 객관적인 입장에서 양쪽 아이와 부모의 이야기를 들어야 한다. 따라서 따돌림을 당하는 아이에 대한 안쓰러운 마음이나 괴롭힌 아이에 대한 미움, 마음을 상하게 한 부모에 대한 억울함은 잠시 접어야 한다.

부모에게서 오해를 받을 경우에는 감정적으로 대처하지 말고, if~ 구문으로 대화한다. '어머니가 그렇게 들으셨다면……, 아이가 담임인 저에 대해서 그렇게 반응했다는 말을 들었다면……, 상대방 어머니가 그런 말을 했다면……' 등 감정을 풀어준 뒤 학교에서 일어난 일에 대해 설명해주어야 한다. 그러기 위해서는 사안에 대해 정확하게 파악하고 있어야 한다.

따돌림을 시킨 아이의 부모가 '마음대로 하라'든지 '버린 자식' 운운하면서 회피하려 해도 화내지 말고 이야기를 하라. 오죽 화가 나면 그렇게 말하겠는가? 이런 말을 들으면 교사도 순간 화가 난다. 그렇지만 한 발 떨어져서 생각하면 부모가 평소에도 아이를 이렇게 대하기 때문에 그 아이가 그렇게 자란 것이다. 아주 가끔은 도저히 말이 통하지 않은 부모도 있다. 그때는 마음을 접고 기다려라.

가끔은 따돌림이나 괴롭힘을 당했다는 것을 과장하여 따돌림시킨 아이에게 경제적인 보상을 얻으려는 부모도 있다. 교사 역시 그 대상이 될 수 있다. 이런 상황이 되면 분노하면서 대처하지 말고 최대한 자료를 확보하고 교육청 위센터나 지역 상담센터, 경찰의 도움을 받아라. 부모들 간의 싸움으로 번졌을 때도 양쪽이 합의하여 해결하도록 해야 한다. 잘못되면 교사도 회복하기 힘든 큰 상처를 받는다.

초등학교 아이들의 친구관계, 그리고 부모

인지는 발달되어 있는 반면 사회성이 부족한 아이들이 있다. 이 아이들은 주로 혼자 지내거나 책에 빠져 있다. 간혹 따돌림을 당하기도 하지만 이 아이들은 친구를 사귀는 것 자체에 관심이 없거나 어떻게 가까이 다가가는지를 모른다.

이 아이들을 자세히 살펴보면 어릴 때부터 밖에 놀러 나가는 것을 제지당한 채 많은 학원을 다녀서 인지능력은 발달되어 있다. 담임이 보기엔 또래와 어울리지 못하고 발달된 인지능력에 비해 사회성이 부족한 것이 안타깝지만, 정작 공부나 지식만 중요하게 여기는 학부모들은 이것을 그다지 문제로 여기지 않는다. 만약 학급 내에 인지에 비해 사회성이 부족한 아이가 있다면 교사는 친구에게 다가가는 것과 함께 노는 방법에 대해서 가르쳐주어야 한다.

어떤 아이들은 친구를 사귀는 데 관심이 없는 경우도 있다. 친구들에게서 4차원으로 불리기도 하는 이 아이들은 판타지 소설이나 인터넷 소설, 만화 등에 빠져 있으며 자기만의 세계가 구축되어 있다. 이 아이의 4차원 생활이 심리적인 이유 때문이라면 상담이 필요하지만 아이의 개성일 경우에는 아이의 세계를 그대로 인정해주면 된다. 이 아이들은 자신이 왕따를 당하는 것에 대해서도 별 관심이 없다.

사회성이 부족한 아이의 부모와 상담하다 보면 아이의 기분이나 정서, 아이의 놀이에 대해 관심이 없는 반면, 지식이나 영어, 공부 등에는 과도한 관심을 보이는 것을 알 수 있다. 이것은 아이를 자신의 섬으로 들어가게 만들고 만다. 반드시 친구와 소통하는 즐거움을 느낄 필요가 있음을 말해주어야 한다.

다른 사람과의 갈등과 억압된 감정은 이야기하는 것만으로도 풀리기 때문에 아이들이 교사에게 말을 하는 사이에 해결된다. 교사가 자신의 감정을 개입시키지 않고 아이들의 말을 말로 들을 때 생각보다 빠르게 문제가 사라진다.

성에 관한
발칙한 현실

성폭력은 강간뿐만 아니라 원치 않는 신체적 접촉, 음란전화, 인터넷 등을 통해서 접하게 되는 불쾌한 언어와 추근거림, 음란한 눈빛으로 바라보는 것 등 성적으로 가해지는 모든 신체적, 언어적, 정신적 폭력을 말한다. 또한 성폭력에 대한 막연한 불안감이나 공포, 그리고 그것으로 인한 행동 제약도 간접적인 성폭력에 해당된다.

어린이 성폭력은 만 13세 미만의 어린이에게 가해지는 성폭력으로 '아동 성 학대'라는 용어로 정의되기도 한다. 어린이 성폭력의 80퍼센트가량은 아는 사람에 의해서 발생한다. 아는 사람은 2가지 유형으로 나눌 수 있는데, 첫 번째는 친부나 의부, 삼촌, 할아버지 등 인척에 의해 일어나는 친족 성폭력이다. 다른 하나는 교사나 교직원, 통학버스 기사, 이웃 사람 등 일상생활에서 접촉하기 쉬운 사람들이다.

많은 가해자들은 자신의 성폭력 사실을 비밀로 지키라며 회유하거나 과장된 협박을 하고, 어린이들은 자신이 당한 피해가 성폭력이라는 사실을 인식하지 못한다. 그런 까닭에 어린이 성폭력은 금방 드러나지 않는 경우가 많다. 따라서 아이가 갑자기 공포심을 갖거나, 혼자 자는 것을 두려워하며 깊은 잠을 못 자거나 악몽을 꾸고, 성기 등에 통증을 느낀다면 주의 깊게 관찰하고 성폭력 피해가 아닌지 의심해야 한다.

학교에서는 아이가 갑자기 혼자 있는 것을 두려워하여 화장실을 못 간다거나 집중력이 떨어지고 수업에 참여를 못 할 때, 그리고 특정 인물이나 장소를 무서워할 때, 간혹 소변을 가리지 못하거나 손가락을 빠는 등 퇴행적인 행동을 보일 때 이야기를 나눌 필요가 있다.

한 초등학교에서 사회를 떠들썩하게 만든 성폭력 사건이 일어난 적이 있다. 해당 학교의 교사가 학생들이 성행위를 흉내 내는 것을 주의 깊게 관찰하고 상담에 나서면서 이 같은 사실을 알게 된 것이다. 6학년을 중심으로 한 상급생들은 3~5학년 남학생들에게 음란 동영상을 억지로 보여주고 내용을 모방하여 동성 간 성행위 등을 강요한 뒤 거부하면 폭행하고 집단 따돌림을 시켰다. 이 사건에서 피해를 입은 남학생들이 같은 학교 여학생을 추행하고 성폭행하면서 문제는 더욱 심각해졌다.

이 사건을 접했을 때 많은 교사들은 남의 학교 이야기가 아니라며 입을 모았다. 그렇다면 요즘 아이들은 성에 관해 어떤 특성을 보이고 있을까?

미성숙한 아이들의 혼란

우리나라의 학교나 집, 학원은 모두 아이들의 활동성과 감정, 정서를 키우는 대신 인지 능력과 기능을 키우고 있다. 아이들은 이러한 불균형으로 인해 발생하는 스트레스를 어른들이 이해할 수 없는 시체놀이나 노숙자 놀이, 성적 놀이 등으로 풀고, 공격성과 분노를 발산할 수 있는 인터넷 게임에 몰두한다. 이런 점 때문에 어른들이 보기에 경악할 만한 성폭력 사건이 아이들에게는 놀이로 인식될 수 있다.

이 사건의 가해자로 분류된 아이들 역시 자신으로 인해 다른 아이들이 고통받고 상처받는다는 사실을 모르고 있으며 안다고 해도 개의치 않는다. 보다 심각한 것은 자신의 행동에 대해 죄책감이나 잘못했다는 생각이 없는 아이들이 점점 더 많아진다는 데 있다.

지금 초등학생들의 키와 몸무게는 이전 같지 않다. 초경을 3학년에 시작하는 아이들도 있으며 여학생의 2차 성징도 5학년 무렵부터 시작되어 여성으로서의 몸이 형성되기 시작한다.

남학생들도 마찬가지이다. 몸이 커지면서 아이들은 스스로 어른이 됐다는 착각에 빠져서 어른이 하는 말과 행동을 모방한다. 야동 보기, 남친(여친)과 사귀면서 신체 접촉하기, 자위행위, 흡연, 음주 등이 초등학생 때부터 시작되고 있다. 그러나 아직 정신과 마음은 성숙하지 못하여 자신의 행동에 대한 책임이나 일어날 수 있는 정신적 고통이나 피해 등에는 대처할 능력이 부족하다. 이러한 불균형을 아이들 스스로도 혼란스러워 한다.

더 나쁜 것은 아이들이 자신의 몸을 소중히 여기지 않는 데 있다. 자신의 몸을 소중히 여기지 않을 때 자신뿐만 아니라 타인에게 성적인 폭력을 행사할 수 있으며, 몸을 소중히 여기지 않는 아이들은 성적인 가해가 있어도 대수롭지 않게 여긴다.

가정의 문제

부모의 무관심 | 문제 있는 부모들이 많아지고 있다. '우리는 내 났으니까 선생님 마음대로 하세요. 전학을 시키든 퇴학을 시키든……' 과연 이런 말을 하는 학부모에게 무엇을 기대할 수 있을

까? 이는 문제가 발생하였을 때 가정에서 도움을 받을 가능성이 매우 낮으며, 추후에 다른 문제를 일으킬 수 있음을 의미한다.

자녀를 버리다시피 하는 부모는 예외로 하더라도 많은 부모들 역시 아이들의 문제를 건강하게 풀 수 있는 능력이 없다. 어떻게 해야 할지를 모르거나 자신의 잣대로 '윽박지르거나 때리거나 친구 탓을 하거나 문제를 회피하거나' 하는 등의 방법을 쓴다. 아이가 왜 이 행동을 했는지, 지금 아이의 마음이나 몸 상태는 어떤지 관심을 두지 않는다. 교사에게 문제를 뒤집어씌우지 않으면 다행일 정도다.

가정에서의 정신건강 | 정신적으로 불안한 부모나 경제적인 문제로 어려움을 겪는 부모들은 아이들을 대상으로 폭력을 가할 수 있다: 가정 폭력을 지속적으로 당하는 아이들은 분노와 억울함을 가지고 있으며 무기력해진다. 누적된 분노는 폭력적이고 공격적인 방법으로 표출되어 학교 폭력으로 이어지고 무기력한 아이들은 성폭력을 당하기도 한다.

가정 폭력이 원인이 되어 학생들의 성장에 문제를 일으킴에도 불구하고 부모가 동의하지 않으면 지속적인 치료를 할 수 없으며 학교에서 취할 수 있는 조치도 없다. '내가 어릴 때도 그랬다. 잠시 그러다가 말 거다. 싸우기도 하면서 크는 거지' 등 아이의 문제에 대해 대수롭지 않게 여기는 부모들이 많다. 심리치료나 정신과 진료에 대한 말을 했을 때 '우리 아이가 정신병자냐, 집에서는 안 그런다, 담임을 잘못 만나서' 등의 반응을 한다. 부모들이 아이들의 정신건강과 심리치료에 대한 부모의 무지함으로 교사와 옥신각신하는 사이 아이의 문제는 더 심각해진다.

성 관련 문제가 발생했을 때 많은 부모들은 '내 아이가 피해를 당하지 않아서 다행이다'라고 생각한다. 그러나 내 아이도 가해자가 될 수 있다는 것을 걱정해야 한다. '우리 아이는 그런 것 안 보고 아무것도 몰라'라고 장담하지만 그것은 단지 부모의 희망사항일 수도 있다.

성교육의 한계

학교의 구조적인 문제 | 초등학생의 문제행동이나 성 관련 문제는 최근 들어 급속하게 늘어나고 있다. 하지만 학교에서는 이 문제를 해결하는 데 구조적으로 취약한 면이 있다. 초등학교는 징계보다는 보호나 돌봄을 우선으로 하기 때문에 학교에서 사안이 발생했을 때 학교 자체적으로 문제를 해결하려는 경향이 강하다.

학생들의 문제행동이 다양하고 그 심각성을 감안할 때 학교는 새로운 대처법에 대해 고민을 해야 한다. 최근 많은 중등학교의 상벌점을 응용한 초등학교 학생생활규정을 만들려는 움직임도 이와 무관하지 않다. 사안이 발생했을 때 초기에 대처하는 방법, 성폭력 등 민감한 사안을 합리적으로 해결하는 위기관리 능력은 학생들의 문제행동이 심각해질수록 더 많이 요구된다.

성 관련 사건이 발생했을 때 여론은 학교에서 성교육을 형식적으로, 생물학적인 부분에 집중하여 교육한다며 질타한다. 그러나 학생 전체를 대상으로 하는 성교육에는 한계가 있다. 아이들의 성의식 수준은 천차만별이다. 3학년 때부터 야동을 보거나 자위행위를 하는 아이들이 있는 반면, 야동이라는 말조차 모르는 아이들도 있다.

지역 네트워크의 활용 | 학교에 상담교사가 없는 상황에서 학생들에게 문제가 발생했을 때는 위센터의 상담교사나 지역 상담센터, 정신보건센터, 성(폭력) 상담기관 등을 활용하여 신속하게 대처해야 한다.

이전의 학생 문제는 개인적으로 접근하는 문제가 많았지만, 요즘 아이들의 문제는 구조적이고 복합적인 원인에 의해 발생하기 때문에 담임 개인의 힘으로 해결하기가 어렵다. 따라서 학교에서 문제가 발생했을 때 도움을 받을 수 있는 지역 네트워크 망을 활용해야 한다. 최근에는 네트워크를 활용한 해결 사례와 상부 기관의 현명한 대처가 늘어나는 경향이다.

무분별하게 성에 노출된 아이들 | 유치원생을 세워놓고 남자친구, 여자친구의 존재에 대해 묻고 아이들에게 어른들이 추는 섹시한 춤을 추게 하거나 노래를 부르게 하면서 환호성을 지른다. 이때 아이들은 성적인 대상 그 이상도 그 이하도 아니다. 누구를 위해 아이들이 그렇게 해야 하는가? 이런 상황이 반복되면 아이들이 성적인 행동을 놀이라고 착각할 수 있지 않겠는가?

긴 다리나 섹시한 춤으로 대표되는 걸그룹 소속 가수 가운데에는 고등학생이 있고 그보다 훨씬 이전부터 연습생 생활을 한다. 그 아이들을 아저씨 부대, 삼촌 부대가 좋아하는 이유가 무엇인가? 이때 아이들은 성적 대상이다.

성 상담자로서 교사의 가치관

성 상담의 궁극적인 목적은 정신적, 육체적, 성적인 인간교육, 인간관계 교육이다. 학생들과 효율적인 성 상담을 하기 위해서는 교사 자신의 성적 가치관과 태도를 점검하고 다양한 성적 문제에서도 자연스러울 수 있어야 한다.

교사는 무엇보다도 사람들의 성적인 심리에 대해 관심을 가져야 학생들을 이해할 수 있다. 교사가 학생과 성에 관련한 상담을 할 때는 학생에게 비판적인 태도를 취하지 않고, 비밀을 보장하며, 스스로 결정하고 문제해결을 할 수 있도록 도와야 한다. 기존의 성에 대한 틀에서 새로운 틀을 재구성할 수 있어야 하고, 성행동의 다양성을 넓게 이해하고 수용하며 학생을 한 인간으로서 존중할 수 있어야 한다.

사람들은 성장 과정에서 부모의 태도나 자신의 경험을 통해 성과 관련된 감정과 생각의 왜곡, 무지, 혹은 성충동의 적절한 관리 능력 부족 등으로 생기는 문제를 경험한다. 성에 대한 죄책감이나 과거 경험에 의한 불안감을 가지고 있을 수도 있다. 그렇기 때문에 교사들의 성에 관련된 생각이나 경험은 학생들과 성 관련 상담 시에 왜곡되어 드러날 위험이 있다. 따라서 교사 자신이 먼저 성적 가치관과 태도를 점검해야 한다.

Advice 09

아이가 경험한 성 관련 외상은 치료되지 않으면 삶에 치명적인 영향을 미친다. 성 관련 외상을 치료할 때 가장 중요한 것은 아이의 자존감을 살리는 일이다. 이러한 일을 예방하기 위해서는 아이들이 자신의 몸과 마음에 당당해지도록 가르치는 것이다.

교사의 성 가치관이 학생들에게 미치는 영향을 생각해볼 때 교사는 성에 대한 넓은 바운더리를 가져야 한다. 교사의 성은 철저하게 개인의 영역이지만 아이들 시대의 흐름을 따라가야 한다. 교사가 마음을 열어야 아이들도 성 관련 이야기를 터놓고 할 수 있다.

정신이
멍드는 아이들 :: 4

우울증으로
슬퍼하는 아이들

흔히 정신에 문제가 있는 사람에게는 정신병리라는 말을 하고, 진단을 통해 분열증, 강박증 같은 병명을 붙인다. 그러나 아이들에게는 진단명을 잘 붙이지 않는데, 그 이유는 아이들은 변화 가능성이 크기 때문이다. 그래서 소아우울증과 분열증 같은 진단명을 쓰는 데 대해서도 여전히 의견이 분분하다.

자신에게 화살을 쏘는 아이들

조기 발견의 중요성 | 초등학교 아이들에게 나타나는 정신적인

문제는 아직 고착되지 않은 상태이다. 이는 정확하게 원인을 진단하여 조치를 취하면 문제해결을 할 수 있다는 말이다.

문제해결을 위해서 가장 중요한 것은 담임교사의 조기 발견이다. 발견한 후에는 학부모를 설득하여 신경정신과에 방문하도록 하고, 문제의 원인을 정확하게 파악해야 한다. 그렇게 학부모가 변하고 담임교사가 학교에서 도움을 주면 아이는 빠르게 안정될 가능성이 있다.

과거 아이들은 진단명이 필요 없을 정도로 정신적인 어려움을 겪지 않았다. 그러나 최근 들어 우울이나 분열 성향을 보이는 아이들과 감정을 차단하는 사이코패스 경향의 아이들이 증가하고 있다. 어릴 때부터 놀이보다는 영어나 미술학원 등 수많은 학습에 올인시키는 부모의 교육이 아이들의 정신건강을 해치기 때문이다. 이로 인해 아이들은 스트레스를 견디거나 분노를 풀 수 있는 내면의 능력이 점점 줄어들고 있다.

최근에는 가정과 사회 분위기도 아이들의 정신건강을 해치는 방향으로 움직이고 있다. 가정에서 많은 영향을 미치는 부모의 정신 역시 건강하지 못하다. 이혼 등으로 인한 가정 해체, 강해지는 부모의 피해의식, 지식 위주의 강박적인 교육관은 고스란히 아이들에게 전해진다.

위장된 우울증 | 소아청소년은 우울한 증상이 여러 가지 문제

행동으로 드러나는 것이 특징이다. 우울하고 슬픈 기분보다는 짜증을 많이 내고 부모에게 반항하며 공격적인 행동을 한다. 물건을 훔치거나 가출을 하는 경우가 많다. 이처럼 내적인 갈등이나 좌절, 우울함 등 정서적인 문제로 인해 문제행동을 보일 때 이를 '가면을 쓴 우울증masked depression' 혹은 '위장된 우울증'이라고 한다.

소아청소년 우울은 자신의 가치를 저해하고 자아상을 왜곡하는 등 자아존중감과 연관이 높다. 우울이 자주 일어나면 자기의심과 자기비하가 강해져서 자신을 가치 없는 존재로 전락시킨다. 자기증오가 깊어지면서 서서히 자아존중감이 낮아지고 이는 아이의 인생 전반에 부정적인 영향을 미치게 된다.

공격 성향의 증가 | 초등학교 저학년 아이들은 주로 슬픔, 무기력 같은 정서적 우울을 경험한다. 밖으로 드러나는 행동으로는 짜증을 잘 내고 애매한 신체의 불편함이나 복통 등 신체화 증상을 호소하고 분리 불안을 보이기도 한다. 공격적인 행동이나 거짓말을 하고 물건을 훔치며 자신을 위험하게 하는 행동을 보이기도 한다.

고학년 아이들은 사춘기에 가까울수록 우울증이 많아지고 그 증상이 다양해진다. 죄책감과 자기비하를 경험하고, 낮은 자아존중감을 가진다. 슬픔, 위축, 절망, 흥미 상실 증상을 보인다.

아울러 성인처럼 망상이나 자책을 한다. 자살사고나 자살시도, 충동 조절이 어려워지고 공격성이 증가하는 모습을 드러낸다. 일상생활에서 즐거움을 상실하고 신체화 증상을 보이며 무기력해진다.

학년이 높아질수록 우울한 아이들은 반사회적 행동이나 가출, 공격성을 자주 보이고 자신이 타인에게 이해받지 못한다는 느낌을 받는다. 특히 행동장애가 있는 우울 아동 치료 결과가 나쁘면 성인이 되었을 때 범죄 가능성이 높다고 한다.

아동의 우울은 학업상의 문제나 학습의 어려움, 공격, 도벽, 사회적 위축 등과 같은 여러 가지 문제행동을 학교에서 표출시킬 수 있다. 잡념이 많기 때문에 집중이 안 되고 공부를 하다가도 멍하니 있다 잠을 잔다. 교사에게 반항을 하거나 공격적 행동과 자학 등 학교 적응에 어려움이 따른다. 이들은 학교에서 문제 상황에 직면했을 때 이를 해결하기보다는 불안이나 화, 우울 등과 같은 부정적인 감정을 많이 경험하고 포기하는 경향이 있다.

의욕을 잃어버린 아이들 | 우울 경향이 있는 아이들은 학교에서 비활동적이고 위축되어 친구들과의 관계에 소극적이며 대부분의 시간을 혼자 보낸다. 이들은 자신이 없고 매사에 부정적, 소극적이며 말이 없기 때문에 친구들이 있는 곳을 피하거나 친구를 지나치게 의식하여 이야기하는 것을 두려워할 때가 많다.

매사에 의욕을 잃고 무기력해져서 학습뿐만 아니라 다른 활동에도 집중하지 못하고 친구들과의 상호작용을 피한다. 그 결과 부정적인 감정이 누적되고 절망에 이르렀을 때 극단적인 해결 방법을 시도하기도 한다.

학교생활의 부적응으로 인해 우울한 상황이 발생하는 경우도 있다. 계속되는 실패 경험이나 친구 갈등, 따돌림 등으로 우울해지고, 자신을 무가치하고 무능력하게 생각한다. 이들은 주로 자학이나 공격적인 행동 등의 문제행동을 일으킨다.

소아청소년 우울증의 원인

부모의 양육 태도 | 가족 갈등이나 학대 경험, 의사소통의 문제는 많고 감정 표현과 지지가 적은 가정에서 우울한 아이들이 많다. 또 부모가 아이들에게 무관심하거나 냉담하여 대화가 잘 통하지 않거나 심한 간섭으로 자율성과 독립성을 허용하지 않아서 부모와의 관계가 원활하지 못해 우울해지는 아이들도 많다.

엄마와 자녀 간의 비정상적인 관계로 인해 아동이 스트레스에 잘 대처하지 못하게 했을 경우나 엄마의 양육 태도가 지나치게 엄격하고 일관성이 없으며 애정적이지 않고 통제적인 경우 아이들은 우울증을 일으킨다. 자녀에게 감정 표현을 하지 않거나 흥분을 하는 부모도 아동 우울증에 부정적인 영향을 미친다.

분리와 애착 관계 | 우울증에 걸리기 쉬운 요인을 부모와의 분리와 애착관계에 두기도 한다. 아이들은 자신의 욕구를 충족해 주지 않은 부모 때문에 스스로 가치 없고 사랑받지 못하는 존재로 보게 될 때 우울해진다. 또한 부모에게 육체적, 감정적으로 과도한 거절을 경험하면 자신감과 자아존중감을 상실하게 되어 우울에 빠진다. 부모와의 긍정적인 관계 부족, 형제 관계, 또래 집단에서의 소외, 애정 결핍, 외로움 등도 우울의 원인이 된다. 부모의 실직이나 이혼 또는 재혼, 친구관계에서 따돌림 경험이 있거나 정신질환의 가족력이 있어도 우울해질 확률이 높다.

소아우울증이 있는 아이들은 인지적인 왜곡을 많이 하고 일의 결과를 외부 원인에 돌리는 경향이 있으며 사회적 기술이 부족하다. 부정적인 인지 방식을 가진 아이는 성적이 떨어지거나 또는 친구에게서 거절당하는 스트레스로 인해 오랫동안 기분이 저하될 수 있다.

교사가 우울해지면 그 영향은 자신뿐만 아니라 학생에게도 부정적이다. 귀찮은 마음이 있으면 아이들에게 진심으로 관심을 가질 수 없고, 짜증이 일어나면 그것은 아이들에게 그대로 전달된다. 슬픔, 우울, 짜증 등의 감정은 알아차리는 그 순간 사라지는 속성이 있다. 교사가 삶에 지쳐 우울하거나 아이들 때문에 화가 날 때 '내가 우울하네, 아이들한테 화가 났구나'라고 알아차리면 그 감정은 오래 머무르지 않게 된다. 감정의 속성은 변하는 것이다. 그래도 멈추지 않으면 교사 스스로에게 슬픔에 눈물을 흘릴 자유와 마음속 분노를 표출할 기회를 주어야 한다.

강박증으로
틀 속에 갇힌 아이들

완벽주의 부모들 중에는 성공한 지식인이나 뛰어난 성취를 이룬 사람들이 많다. 이들은 외형적으로 예의 바르고 교양 있으며, 자신은 아이를 위해 최선을 다하고 있으며 그것이 옳다고 생각하는 경향이 있다.

이런 부모들은 아이를 제대로 받아들여주지 않는데, 자신이 요구하는 것을 성취했을지라도 좀 더 높은 기준을 제시하여 '더 열심히 잘해야 한다'는 메시지를 주면서 아이를 인정하는 것은 다음으로 미룬다. 이렇게 하다 보면 아이는 늘 자신이 부족하다는 생각을 하게 된다. 그래서 아이들은 자신감을 갖지 못하고, 아무리 노력해도 완전한 성공을 이루지 못할 것이라는 생각을 하게 된다.

이러한 부모들은 자신의 아이와도 친밀한 관계를 맺지 못한다. 아이를 존재 자체로 인정하기보다는 끊임없이 채찍질하여 완벽해지게 만드는 데 관심을 보인다. 완벽해지기 위해서는 친구를 사귈 시간이 없고 때로는 친밀한 인간관계가 방해된다는 생각을 아이에게 전한다.

또한 이 부모들은 아이들에게 웃어주거나 신체 접촉을 하는 등 애정 표현을 잘 하지 못한다. 심지어는 감정 표현 자체를 위험하다고 여기기도 한다. 부모들 스스로가 다른 사람들과 따스함이나 감정을 교류한 경험이 부족하기 때문에 이들은 자신의 감정을 자각하고 표현하는 데 어려움을 겪는다.

이들은 일을 제대로 완수하고 규칙을 엄격히 지키기 위해 아이의 마음이나 감정은 전혀 고려하지 않는다. 아이가 완벽해지기를 기대하는 마음 때문에 사소한 실수에도 지나치게 초점을 맞추고 가혹하게 처벌한다. 그 결과 아이들은 실수를 두려워하고 자신과 타인의 완벽에 대해 지나칠 정도로 몰두한다. 또한 권위와 규칙에 대해서는 맹목적으로 복종하며 타인에 대해서는 심하게 처벌하고 통제하려고 한다.

강박적인 성향을 부르는 인지 왜곡

흑백 논리적 사고 | '나는 나 자신뿐만 아니라 내 주변 환경을 완벽하게 통제해야 한다. 나는 실수를 하지 않아야 가치 있는 존재이다. 모든 행동과 결정에는 옳고 그름이 있다. 구체적이고 명확한 규칙이나 절차가 없으면 나는 아무것도 할 수 없다' 등과 같은 독특하고 역기능적인 신념은 강박적인 성격을 지속시킨다.

이들은 '완벽 아니면 실패'라는 흑백 논리적인 생각을 하기 때문에 뭔가를 섣불리 시작하지 못하고 꾸물거리며, 사소한 결점이 있으면 실패할 것이라며 포기한다. 또한 불완전함이나 실수로 인한 결과를 지나치게 과장함으로써 강한 두려움을 가진다.

세부적인 것에 지나치게 초점을 맞추어 과도한 의미를 부여하거나 의미를 확대하는 반면, 훨씬 더 중요한 일은 의미를 축소하는 경향이 있다. '~ 해야 한다'는 당위적 사고를 하기 때문에 자신의 의지와 선택이나 선호, 감정을 따르지 않는 것이다.

이들은 자신이 정말 무엇을 원하고 하고 싶은지에 대해 관심을 가지기보다 무엇을 해야만 하는지에 관심을 가진다. 자신이 원하고 좋아하는 것이 무엇인지 모르기 때문에 다른 사람에 비해서 자기 결정이나 행동, 신념에 대한 확신이 낮다. 이로 인해 자신이 처한 갈등에 대처하기 위해 계속 타인을 의심하거나 독단적인 모습을 보이기도 한다.

강박적인 성향의 아이들 | 강박증 성향을 갖고 있는 아이들은 지나치게 사소한 것에 목숨을 건다. 단순 반복적인 숙제는 잘하지만 자신의 생각이나 전체적인 상황의 흐름을 묻는 것에는 힘들어 한다.

이 아이들은 잘 웃지 않고 대부분 심각하며 자신이 생각하기에 다른 아이들은 너무 철이 없다고 생각한다. 그래서 선생님의 말을 안 듣거나 수업시간에 태도가 나쁜 것을 보면 잔소리를 하거나 고자질을 한다.

그런데 이 아이들은 다른 아이들이 자신을 왜 싫어하는지를 모른다. 자신이 다른 친구들에게 어떤 영향을 미치고 있는지에 대해서는 관심이 없고 다른 아이들이 왜 저렇게 말을 안 듣고 엉망인지 이해할 수 없는 것이다. 자신은 옳지 않은 행동을 해서는 안 되고 친구들도 그렇게 해야 한다. 이유를 물으면 그것은 당연히 지켜야 하는 것이기 때문이라고 말한다. 이 아이들은 부모나 교사가 정해준 규칙을 지키지 못하면 죄책감을 느끼고 자신을 비난한다. 친구들과 놀면 안 될 것 같은 마음이 들어 책을 읽기도 한다.

집중력이 좋은 아이도 있지만 자신을 지나치게 속박하느라 집중력이 떨어지는 아이도 있고, 간혹 시험 불안을 가지기도 한다. 선생님이나 부모가 정해준 틀이나 숙제는 잘 수행하지만, 자신이 원하는 것이나 좋아하는 것에 대한 과제는 하기 힘들어 한다.

또 다른 아이들에 비해 스스로 결정하는 것을 싫어하거나 어려워한다.

감정이 메말라가는 아이들

사이코패스의 일반적 특성 | 사이코패스 성향을 가진 사람들은 정서가 결여되어 있다. 감정적으로 둔감하고 무감각하며 느낌이나 정서를 잘 표현하지 않는다. 단조로움이나 지루함을 회피하는 경향이 강하기 때문에 자극을 추구하고 만족을 지연시키지 못한다. 이로 인해 이들은 상황에 적합하지 않은 행동을 충동적으로 하게 된다. 그러나 책임감이 없어서 상황적 중요성이나 행동에 대한 결과를 고려하지 않는다.

이들은 높은 공격성을 보이기도 한다. 어떠한 양심의 가책도 없이 잔인한 행동들을 공격적으로 할 수 있다. 이런 점에서 이들에게 처벌은 별로 의미가 없으며, 처벌 대신 자신이 매력을 느끼는 변인들을 강화하는 것이 더 효과적이다.

이들의 가장 큰 특성은 다른 사람의 마음을 이해하고 다른 사람의 정서적인 상태를 공유하는 공감 능력이 없다는 점이다. 다른 사람의 입장에서 자신의 행동을 비추어보는 능력이 부족하고 타인의 정서 반응에도 냉담하다. 타인의 아픔이나 자신의 행동으로 인해 타인이 겪는 고통에 대해 무관심하다. 범죄를 일종의 게임으로 여기기 때문에 죄책감을 느끼지 않으며 오히려 피해자를 비난하기도 한다.

이들은 타인에게 친근하고 호감이 가며 매력적인 인물로 보이고 다양한 곳에 흥미를 나타내기도 하지만, 사람에 대한 동정심이 부족하고 이타심이 결여되어 있다. 타인의 감정을 깊이 느낄 수 없기 때문에 타인을 도와주거나 공감을 표현하는 일은 드물다. 타인의 관점에서 세상을 보는 능력이 없고 문제의 원인을 타인이나 주위 환경에서 찾기 때문에 자신의 행동을 후회하지 않으며 결과에 대한 책임의식도 없다. 이들은 선악을 구별하면서도 선악 판단에 따라 행동하지 않으며 타인에 미치는 행동의 영향력에 대해 무심하고 더 나아가 그런 행동이 자신에게 미치게 될 결과도 염려하지 않는다.

사이코패스가 가진 자기 패배적인 생활태도 때문에 이들은 비계획적이고 신중하지 못하며 충동적이면서 무책임한 행동을 오랜 기간에 걸쳐 반복적으로 할 수 있다. 이 생활태도는 반사회적 행동과 맞물리면서 범죄 행위로 이어진다. 특히 행동 통제력의 부족으로 인하여 공격성을 드러내거나 순간적인 범행을 저지를 수 있다.

사이코패스의 원인 | 양육자의 애정을 받아보지 못한 아이들은

관심이나 공감, 신뢰 형성에 어려움을 겪는다. 예를 들면 모성 박탈이나 학대에 노출되거나 자녀와 안정적인 유대를 맺지 못한 어머니, 거부나 돌봄이 부족한 엄마 등이 사이코패스 성향을 가진 아이에게 영향을 미친다.

아이에게 거리를 두고 냉정하게 대하는 부모, 보상과 처벌에 일관성이 없고 변덕스러운 부모 또한 이 성향을 키운다. 응석을 받아주거나 지나치게 방임적인 부모에게서 어려서부터 잘못에 대한 용서를 비는 것이 아닌 부모의 변덕에 맞춰 애교를 떨거나 위기를 모면하는 패턴을 형성하는 경우도 있다.

선천적으로 죄의식, 공감, 사랑 등이 결여되어 있는 사람도 있다. 이들은 태어날 때부터 사이코패스 경향을 가지고 있기 때문에 교사가 할 수 있는 일이 한정되어 있다. 신체적 또는 정서적 학대, 양육자의 무관심과 같은 환경적 문제 때문에 발생하기도 한다. 이때 아이들은 부정적인 환경에 적응하기 위해 적대적이고 반사회적인 행동을 선택함으로써 사이코패스 과정을 겪는다.

감정이 차단된 아이들

아이들에게 감정의 동요가 없다는 것은 좋지 않다. 일반적으로 초등학교 아이들은 힘이 넘치고 생생하게 살아 있으며, 가만히 있지 못하고 마음의 변덕도 심하다. 감정 역시 생생하기 때문에 많이 웃고 때로는 소리 지르고 가끔은 울거나 화를 낸다. 이 모든 것이 아이가 건강하다는 신호이다.

아이가 부모에 대한 억울함이나 분노, 슬픔을 차단하기 시작하면 즐거움을 느끼지 못하고 웃음 역시 서서히 줄어들게 된다. 부정적인 환경이 없어지지 않으면 감정은 완전히 차단된다. 정도의 차이는 있지만 요즘 많은 아이들이 친구의 고통에 무감각해지고 아픔을 많이 느끼지 않는다는 것은 굉장히 걱정스러운 면이다.

> **Advice 11**
>
> 우리는 무언가에 강박적으로 집착할 때가 있다. 그 이유는 그것을 잘하고 싶기 때문이다. 이때는 잘하고 싶고 인정받고 싶어 하는 자신의 마음을 받아들이는 것이 중요하다. 그러나 타인의 긍정적인 피드백을 받기 위해 자신의 삶을 희생할 필요는 없다.

..3

정신분열 경향을 보이는
아이들

　교실에서 관찰할 수 있는 정신분열 아이들의 특성은 다음과
같다.

　첫째, 아이들이 환시로 귀신이나 몬스터 등을 보는 경우가 많
다. 화장실이나 집에 혼자 있을 때 귀신을 보았거나 자신을 욕하
거나 놀리는 소리를 듣는다.

　두 번째는 분열적인 공상을 많이 한다는 것이다. 때때로 이 공
상은 친구들의 흥미를 유발하여 팬을 확보하기도 한다. 공상이
심해지면 수업시간에 발표를 할 때도 질문과 맞지 않는 이야기
를 엉뚱하게 하거나, 혼잣말을 자주 하며, 담임에게 많은 이야기
를 하고 있지만 주제가 선명하지 않고 아이와 대화를 하고 있다

는 느낌이 들지 않는다. 혼자만의 공상세계로 들어가서 말이 없어지거나 인터넷 게임에 몰두하는 경우도 있다.

정신분열의 요인과 치료

외부 요인 | 부부간에 의견 차이나 분쟁이 거의 없음에도 불구하고 상호 간의 애정 교환이 없거나 서로 화합하는 듯하면서도 사사건건 맞지 않는 감정적 이혼 상태인 경우, 아버지가 무능하거나 또는 아버지가 고립적이고 냉담하여 가까이 할 수 없는 특성을 가지고 있는 경우, 부모 가운데 한쪽이 무능하거나 의존적인 이유로 싸움이 잦은 경우 등도 아이의 정신분열 원인이 된다. 그리고 불안하거나 정서적인 문제를 가진 부모와 독점욕이 강하고 자녀의 욕구와 감정을 이해하지 못하며 아이들을 과도하게 비난하거나 미워하는 부모도 아이의 분열 경향을 부추긴다.

자녀와 신체적·정서적으로 따뜻한 유대관계를 갖지 못하는 부모, 혹은 지나치게 밀접한 유대관계를 맺는 부모, 일관성 없는 훈육과 과잉 간섭을 하거나 신체적 학대를 한 부모도 영향을 미친다. 아이에 대한 적개심이 높은 부모, 부정적이고 비판적이며 죄책감을 유발하는 부모와 정신분열증이 있어서 돌볼 수 없는 부모도 원인이 된다. 가족 간에 온정이 부족하고 부모의 관심과 요구가 적으며 형제간에 경쟁심이 많거나 어린 시절 부모와 분리 경험이 있어 가족 내 상호작용이 결핍된 경우에도 분열이 많이 생긴다.

이 중 가장 큰 영향을 미치는 것은 가족 내 의사소통의 문제인데, 특히 이중구속double bind은 치명적이다. 예를 들어, 말로는 자발적으로 공부하라고 하면서 그 소년이 도서관에 가겠다고 하면 엄마가 외롭거나 괴로우니까 집에 있으라는 모순된 의사 전달을 하는 형태이다. 이중구속은 명백한 의사소통의 발전을 제한시키고 혼란을 초래한다. 부모, 특히 엄마의 말과 행동이 일치하지 않을 때는 문제가 더욱 심각해진다. 이때 아동은 엄마와의 정서적 관계에서 자유롭지 못하고 사물을 정상적으로 분간할 수 없게 된다.

이중구속을 하는 어머니의 말과 행동이 다르게 나타날 때, 대개 아버지는 어찌할 바를 몰라 하고 아이는 무능감, 분노감, 두려움, 절망감에 빠지게 된다. 이것이 반복되면 아이는 정신분열증을 경험하게 된다.

내부 요인 | 본질적으로 무감각한 면이 강한 아이들이 있다. 이들은 부모에게 적절한 반응, 미소 등의 긍정적 정서 반응을 드러내지 못한다. 이로 인해 아이의 부모는 아이의 적절한 정서반응을 일으키려다 실패함으로써 실망과 짜증으로 반응하게 된다.

이것이 반복되면 부모의 부적절하고 삭막한 정서가 아동의 분열증을 일으키는 요인으로 작용하게 된다.

이외에도 어머니에게 과도하게 집착하는 아이, 사람과 어울리지 않고 곧잘 공상에 빠지거나 혼자 있기를 좋아하는 아이, 민감하고 자주 화를 내는 아이, 사회에 배타적이고 예의를 지키지 못하는 아이가 발병률이 높다.

분열 경향이 있는 아이들은 여리고 착하면서도 인지 기능이 좋은 편이다. 여리고 착하기 때문에 밖으로 자신의 분노와 억울함, 혼란스러움을 표현하지 못하고 속으로 삭이다가 공상 세계로 들어가는 것이다.

위험도를 감소시키는 요인 | 아동에 대해 따뜻하고 지지적이며 비판을 하지 않는 가족 환경과 아동의 긍정적인 태도나 가치관을 강화시켜줌으로써 아동이 처한 어려움을 이겨낼 수 있도록 힘을 키워주는 환경은 분열을 치료하는 데 도움이 된다. 가족에게서 경험하지 못한 건강하고 합리적인 의사소통을 교사나 상담자, 복지사 등을 통해 경험하면 아동의 분열은 치료가 가능할 수 있다.

마음이 멍들어가는 아이들 치료하기 | 심한 공격성이나 자살 시도를 하는 우울 경향, 과도하게 진행된 분열 경향, 폭력성이 수

반된 사이코패스 경향의 아이들은 신경정신과의 정확한 진단과 약물치료가 필요하다. 이와 함께 부모와 교사의 돌봄이 필요하다. 염두에 두어야 할 것은 약물치료만으로 사회적 고립이나 대인관계에서의 문제, 사회기술 부족 등의 문제를 해결하지는 못한다는 것이다. 따라서 약물치료와 함께 상담이나 미술치료 등 더욱 활동적이고 협동적인 프로그램을 병행해야 한다.

정신이 멍든 아이를 발견하여 알렸을 때 부모가 동의하면 상담이나 신경정신과 치료를 권해야 문제가 생기지 않고 빠른 시간 안에 해결할 수 있다. 이런 부모에게는 자신의 모습을 점검하게 하고, 부모가 가지고 있는 '도덕의식'에 대해 물어야 한다. 교과서적이고 틀이 강한 부모와 생활하는 아이일수록 정신이 멍드는 경우가 많다.

문제는 이것을 인정을 하지 않는 부모이다. 이때 담임은 말해봐야 소용없다며 포기하기도 한다. 하지만 말을 전혀 듣지 않는다고 할지라도 부모에게 말은 해주어야 한다. 매년 담임교사에게서 똑같은 말을 들으면 조금은 행동의 변화를 보일 수 있다. 말을 할 때는 이 아이가 심각하고 위험한 수준이라서 가만히 두면 안 된다는 것을 거의 엄포하듯 강조해야 한다.

정신이 멍든 아이들을 조기에 발견하기 위해서 교사들은 아이들의 정신병리에 더욱 관심을 가져야 한다. 교실에서 이야기를 하는데 뭔가 아이가 다른 세상에 있는 느낌이 들거나, 아이의 무자비함에 섬뜩한 느낌이 들 때, 폭력적이거나 공격적인 경향과 함께 무기력함이 보일 때, 강한 도덕적 잣대로 자신과 친구, 심지어 교사를 옭아맨다는 느낌이 드는 아이가 있다면 전문가와 이야기를 나누는 것이 좋다.

아이들의 분노와 정신 건강

분노와 아이의 정신건강 | 정상에서 일탈한 행동 증상 모두가 정신분열증의 병적 징후는 아니다. 파괴적인 가정이나 또는 병든 사회에서 떨어져나올 필요성이 있기 때문에 일어나는 현상이라고도 볼 수 있다.

분노가 내면으로 들어갈 때 죄책감과 우울을 초래하고 자기 자신에게 극단적인 분노의 화살을 쏘는 것이 자살이다. 우울한 사람들은 분노가 많으며 그것을 억압하기 위해 노력하기 때문에 더 우울해진다. 완벽주의 경향이 강한 사람은 타인이 자신에게 부과한 기준들이 과도하고 힘들기 때문에 분노를 느끼게 된다. 이 분노는 부정적인 자아개념, 낮은 자아존중감, 형식적인 대인관계를 통해 드러난다.

아이는 자신이 수용할 수 없는 최악의 환경에서 분노를 느끼다가 힘들어지면 그것마저 차단한다. 이렇게 시작된 감정 차단은 서서히 모든 감정의 영역으로 확대되고 인간에 대한 관심까지 차단하게 된다. 신체적으로 혹은 정신적으로 견딜 수 없는 상황이 일어날 때 아이는 공상을 하고 그 속으로 숨는다. 공상 세계에서는 힘든 현실을 벗어날 수 있기 때문이다.

한편 분노는 긍정적인 면 또한 가지고 있다. 분노는 일상생활 속의 불가피한 사건에 대해 개인이 자신을 보호하기 위해 사용하는 감정이다. 따라서 분노는 억압하지 않고 건강하게 표현하거나 다스릴 필요가 있다.

분노는 인간의 강한 에너지이기 때문에 긍정적으로 사용될 경우 힘을 가진다. 따라서 달리기나 요가, 명상 등의 활동을 통해 부정적인 분노를 다스리고 관리하면 지혜로 전환될 수 있다.

분노를 표현하는 방법은 억압과 표출, 통제가 있다. '분노 억압'은 분노를 내적으로 표현하는 방식으로 화가 나지만 이를 겉으로 드러내지 않는 경향이기 때문에 'anger-in'이라고 한다. 화는 나지만 내색하지 않고 혼자서 투덜거린다든지, 꾹 참고 일부러 괜찮다는 식으로 말한다든지, 속으로는 욕하지만 가만히 혼자 화를 삭히는 경우이다. 화난 모습을 상대에게 보이지 않고 그 자리를 피하거나 다른 일에 몰두하기도 한다.

'분노 표출'은 분노를 외적으로 표현하는 방식으로 신체적, 언어적 수단을 통해 분노를 유발시킨 상대방에게 직접 혹은 간접적으로 분노를 드러내는 것이다. 화를 밖으로 드러내는 것이기 때문에 'anger-out'이라고 한다. 분노 표출은 언어적으로 상대방을 공격한다든지, 감정이 실린 말을 한다든지, 물건을 던지거나 바닥을 때리거나 문을 쾅 닫는 등의 화난 행동을 말한다.

'분노 통제'는 타인에게 인내심을 보이거나 냉정함을 유지하는 등 분노 표출을 조절하고 관리하는 것이다. 화가 난 상태를 자각하고 화를 진정시키기 위해서 노력하며 자신의 분노를 조절하거나 적합한 방식으로 표현함으로써 분노를 해소한다.

이 경우는 흥분하지 않고 왜 화가 났는지 명확하게 이야기하거나 자신의 의견과 상태를 차분하고 진지하게 표현한다. 분노 통제를 잘하는 사람은 분노의 충동적 표현을 자제하고 적절한 시기에 마음을 표현한다. 분노를 표현하는 모습을 통해 개인의 내적 조절 능력을 알 수 있으며 분노 통제를 많이 할수록 분노 감정을 긍정적으로 표현한다.

분노와 아이의 문제행동 | 아이들은 분노를 조절하고 표현하는 방법을 가정에서 배운다. 분노를 적절하게 표현하는 방법을 배우지 못한 아동은 비효율적인 방식으로 대처하고 부적절한 방식으로 표출한다. 예를 들어 폭력적인 행동이나 말 등으로 감정을 표현하는 가정의 아이들은 분노를 부모가 표현하는 방식 그대로 공격적으로 표출한다. 심리적인 좌절이 많은 아동들도 분노를 자주 경험하고 분노를 공격적인 행동으로 표출한다.

아이들은 부모와 생활하면서 다양한 분노를 가지고 있다. 분노가 강할수록 아이는 병적으로 부모님이 말한 규칙을 지키려고 노력하며 뜻대로 되지 않을 경우 자신만의 공상 세계로 숨어버리거나 감정 자체를 차단하게 된다. 때로는 분노의 화살을 자신에게 돌려버린다.

아이들이 부모에 대한 분노를 해소하면 좀 더 편안해질 수 있지만 아이들은 부모에게 부정적인 마음을 품는 것 자체를 죄스러워 한다. 이때는 엄마와 아빠가 자신을 위해 열심히 일하고 맛있는 것을 사주기도 하지만 반대로 자신을 야단치고 때리는 나쁜 모습을 보인다는 것을 알도록 해야 한다. 부모에 대한 분노를 솔직하게 표현할 기회를 주고 그런 마음을 가지는 것 자체가 잘못이 아니라는 점을 느끼게 하는 것이 효과적이다.

아이의 분노를 다스리는 법

아이 편에서 들어라 | 담임이 없을 때 아이가 감정을 폭발시키는 상황이 발생하면 다른 아이들이 교사에게 알리도록 교육하고, 담임이 없으면 옆 반 선생님에게라도 뛰어가서 상황을 알리도록 아이들에게 사전 교육을 해야 한다. 아이가 소리를 지르면서 감정을 폭발할 뿐만 아니라 의자를 집어던지거나 창문에 매

달리는 등의 행동을 하는 상황이 발생하면 학급 아이들이 먼저 그 아이에게서 멀어지도록 가르쳐야 한다. 감정이 심하게 폭발하는 경우에 말린다면 다른 아이가 다칠 수 있기 때문이다.

학급에서 아이가 감정을 갑자기 폭발하면서 화를 낼 때는 아이는 이미 제정신이 아닌 경우가 많다. 이때 성급하게 아이를 제지하거나 힘으로 누르려고 하면 화를 더 자극하게 되고, 힘이 세지 않으면 폭발하는 아이를 막을 수도 없다. 그 순간 다른 아이들은 그 장소에서 나가게 하고 그 아이를 주시하면서 말을 한다. '화가 났구나. 괜찮아. 응. 화를 내도 괜찮은데 그 의자는 던지지 말자. 칼은 잘못하면 네가 다칠 수도 있어. 선생님 좀 봐봐. 뭣 때문에 그러는지 말을 해봐' 등의 말을 하면서 아이가 스스로 화를 풀고 현실로 돌아올 시간을 주어야 한다. 동시에 교사는 어떻게 이 상황이 발생했는지 빨리 파악해야 한다.

감정 폭발이 끝난 후에는 아이에게 왜 화가 났는지, 누구 때문인지 하나하나 물어야 한다. 이때 아이를 야단치거나 행동에 대해 비난하면 안 된다. 화난 이유를 물었을 때 많은 아이들은 억울하거나 무시당하는 상황을 말하는데, 그것이 그 아이의 오해라고 할지라도 처음엔 아이 편을 들어주어야 한다. 마음이 풀리고 나면 담임과 상대방 아이의 입장에 대해 이야기해준다. 자신이 저지른 일에 대해서 기억이 안 난다고 말할지라도 그것을 인정해주어야 한다.

상황에 대한 이야기가 끝나면 다음에 화가 날 때는 어떻게 마음을 표현하면 좋은지, 상대방 친구에게 하고 싶은 말을 어떤 방법으로 표현하면 좋을지에 대해 가르쳐야 한다. 감정이 폭발하는 아이들은 편안하게 자신의 마음을 표현하는 법에 대해 모르는 경우가 많다. 특히 화가 나는 상황에서 자신의 마음을 표현하는 훈련을 시킬 필요가 있다. 이는 지속적으로 시켜야 한다. 그리고 지난번에 감정을 폭발했을 때보다 개선된 점이 있다면 그 부분에 대해 칭찬하고 격려하는 것이 좋다.

분노 에너지를 해소시키는 방법 | 감정 폭발로 다른 아이들에게 피해를 주거나 두려움을 심어준 일로 학부모 민원을 받는 경우가 있다. 그분들의 마음을 이해하고 받아주면서 한편으로는 문제가 있는 아이지만 우리 반 아이라는 것을 확실히 말해주어야 한다. 교사들 가운데에도 이 아이만 없으면 학급이 조용하고 괜찮아질 거라고 생각을 하는 사람이 있다. 그건 사실이지만 내가 아니면 다른 교사가 나보다 더한 고통을 당할 것이다. 차라리 익숙한 내가 낫지 않을까?

화나 공격성은 그 자체로 강력한 에너지를 갖고 있다. 그렇기 때문에 이 아이들은 힘이 넘친다. 그래서 운동을 시키는 것이 좋은데 달리기를 하면 아이들의 분노나 화가 정화될 뿐만 아니라 에너지 소모가 많으므로 좋다. 아침자습 대신 달리기를 30분 정도 시키면 적어도 오전에는 화낼 힘이 사라진다. 복싱을 함으로써 자신이 가진 공격성을 표출할 수 있고, 드럼이나 북을 치면서 공격성을 해소할 수도 있다.

학급 전체로 해볼 수 있는 활동은 신문지를 갈기갈기 찢어서 버리게 하거나 운동장에서 소리를 지르게 하는 등의 활동이 있으며, 종이에 욕설을 실컷 적고 그것을 소리 내어 말하게 한 뒤 찢어버리게 하는 것도 좋다.

분노는 잘 가꾸면 지혜로 바뀔 수 있는 힘을 가지고 있기 때문에 아이들의 분노와 공격성이 정화되면 긍정적으로 사용할 수 있게 된다. 분노를 해소할 수 있는 다양한 방법과 함께 자신에게 좋은 마음을 보내는 자애 명상도 아이에게 도움이 된다.

감정 폭발이 심한 아이를 대하는 교사의 자세 | 많은 교사들은 아이의 행동이 수정되지 않을 때 그것을 자신의 문제로 돌리는 경향이 있다. 아이들이 교사 자신을 공격할 때는 더욱더 그렇다.

이때 교사들은 폭력을 당할 때 느낀 분노를 표출하는 아이의 전이 대상이다. 교사에게 문제가 있어서 분노를 표출하는 것이 아니라, 그 아이가 부모님에게 느끼는 분노와 억울함을 교사를 대상으로 푼다는 뜻이다. 이를 모르는 교사들은 많은 상처를 받는데, 경력이 많은 교사들은 내가 이만한 경력에 이 아이 하나를 못 다스리나? 하는 자괴감으로 괴로워하고, 경력이 적은 교사들은 어떻게 해야 할지를 몰라서 막막해한다.

아이들이 교사를 대상으로 감정을 폭발하는 이유가 교사의 성급한 개입과 오해 때문일 수도 있지만, 많은 경우 부모에게 해결하지 못한 부정적인 감정을 교사를 대상으로 푸는 것이다.

다음과 같은 상황의 예와 조언을 참고해 보는 것도 좋다.

질문 | 아이가 교사의 말을 듣지 않고, 그 자리에서 꼼짝도 하지 않을 경우에 어떻게 해야 하는지요? 말도 하지 않고 움직이지도 않고 그냥 노려보고만 있습니다.

조언 | 아이의 마음이 풀릴 때까지 그대로 지켜보십시오. 신경은 그 아이에게 두되 모른 척 선생님이 할 일을 하면 됩니다.

질문 | 친구가 잘못을 했더라도 네가 먼저 몸으로 밀치거나 때리지 말고, 아무리 화가 나도 말로 해야 하고 그래도 듣지 않으면 선생님한테 와서 이야기해라. 그럼 선생님이 벌을 줄 것이라고 했더니 어떤 형들이 자기한테 욕을 했다며 찾아왔기에, 그 형들에게 가서 왜 그랬는지 이유를 묻고 이 아이에게 사과하도록 했습니다. 이런 방법이 좋은 것인지 모르겠습니다.

조언 | 먼저, 화가 났을 때 대처하는 방법을 가르쳐주신 것은 현명한 대응이었습니다. 그리고 그 이야기를 듣고 아이 편을 들어준 것도 좋습니다. 지금 아이에게 필요한 것은 선생님처럼 믿어주고 구체적인 행동을 가르쳐주는 것입니다. 아이 스스로 힘을 기른 뒤 해결하도록 도움을 주면 됩니다.

질문 | 어머니와 어떻게 이야기를 하고 문제를 풀어야 할까요?

| 만약 어머니가 아버지에게 폭력을 당한다면 우울증일 확률이 높기 때문에 협조를 이끌어내기가 쉽지는 않을 것입니다. 먼저 어머니와 상담을 해서 솔직하게 아이의 상황에 대해 말씀드리고, 걱정이 되니 함께 문제를 해결하자고 제안하십시오.

감정을 폭발하는 아이의 부모와 상담하기 | 어떤 경우든 부모를 비난하지 말아야 한다. 욕설이나 체벌을 가하는 부모라고 할지라도 폭력을 멈추게 하려면 부모를 내 편으로 만들어야 한다. 모든 부모들은 아이의 문제행동의 원인이 자신의 잘못이라는 점을 인정하기 힘들어 한다.

Advice 12

교사는 공격적인 아이들이 툭툭 내뱉는 말을 하더라도 아이에게 관심이 있다는 것을 계속 알리고, 짜증을 내더라도 받아주거나 챙겨주어야 한다. 처음에는 받아들이지 않겠지만 애정에 기반을 둔 교사의 관심에 아이는 조금씩 마음을 열어갈 것이다. 이 아이에게 일어나는 가장 큰 변화는 한마디라도 선생님에게 말을 하는 것이다. 문제는 그 아이가 빨리 변할 것이라는 교사의 큰 기대일지도 모른다.

자살을
생각하는 아이들

자살행동의 시작은 개인이 당면한 충격적 사건이나 어쩔 수 없이 일어난 생활 변화를 견디지 못하는 경우이다. 부모 형제의 사망이나 성폭력, 시험 성적 비관 등 충격적 사건이거나 대인관계의 어려움, 특히 친구의 배신, 부모와의 불화, 부모의 이혼 등도 영향을 미친다.

실직이나 파산, IMF 같은 경제적 위기로 인해 자살이 증가하기도 한다. 그러나 내적인 갈등 또는 정신과적 장애가 서서히 진행되어 타인이 알기 어렵고 특별한 외형적 사건 없이도 일어날 수 있는 것이 자살이다.

자살을 선택하는 요인

앞서 언급한 생활의 변화나 사건, 사회적 요인 이외에도 자살을 일으키는 원인은 다양하다.

개인 심리적 요인 | 좌절과 어려움에 인내심이 약한 사람들, 충동적이고 분노 조절력이 부족한 사람들은 사건을 처리하는 능력이 떨어지기 때문에 깊은 좌절과 절망에 쉽게 빠져든다. 그래서 자살을 충동적으로 실행할 가능성이 높다. 살아가면서 경험하는 사건이나 어려운 상황을 해결하는 데 필요한 자아능력과 자아강건성은 부모의 양육을 통해 어린 시절에 길러져야 하는데, 그렇지 못하고 있는 것이 지금의 현실이다.

생물학적-정신의학적 요인 | 자살사망자 가운데 많은 사람이 정신과적 진단을 받고 있다. 그중 우울장애, 양극성장애(조울증), 알코올중독, 성격장애, 정신분열, 불안장애에서 자살률이 높게 나타난다. 자살 자체는 유전되지 않지만, 자살 위험이 높은 정신과적 질환 가운데에는 유전성이 강한 것이 있다.

사회-환경적 요인 | 연예인 자살은 아이들이 자살에 대해 쉽게 생각하게 만든다.

자살하는 사람들의 심리

현실 도피 | 사람들은 고통과 스트레스, 자신에게서 도피하기 위해 자살을 선택한다. 살다보면 견딜 수 없는 고통이나 감당하기 힘든 스트레스에 직면할 때가 많은데 이러한 고통과 스트레스로부터 벗어나고자 자살을 선택한다. 그리고 문제의 해결책으로서 자살을 선택하기도 한다. 직장이나 가정에 힘들고 복잡한 문제가 있을 때, '나만 죽으면 모든 것이 해결될 것이다'라고 판단하는 것이다.

보복 심리 | 분노와 보복 심리에 의한 자살을 선택한다. 극심한 적개심, 즉 죽이고 싶을 정도의 분노와 복수심의 화살을 자신에게 돌리고 자신의 죽음으로 상대방에게 큰 상처를 주려는 경우다. '내가 죽음으로써 너도 고통을 받아보라'는 보복적 내면 심리이다.

처벌 | 큰 실패에 대한 책임을 자신이 지고 자신을 처벌하려는 경우다. 자신의 능력 부족에 대한 수치심, 주위 사람의 기대에 못 미치는 죄책감, 수치심으로 '못난 자신'을 응징하기 위해 자살을 택하기도 한다.

때로는 죽은 친족과의 재결합을 위해 자살을 선택한다. 현실

생활에서 오는 고통이 심하고 지쳤을 때, 상실로 인한 고통을 이 겨내기 힘들 때 먼저 세상을 떠난 사람을 따라 저세상으로 가서 죽은 사람과 재회하여 위로를 받고자 하는 심리다.

정신질환 | 자살하는 사람 가운데에는 '특별한 이유 없이 갑자 기' 자살을 결행하는 수가 있다. 그들 대부분은 주위 사람도 모 르게 정신질환을 앓고 있는 경우다. 자살자의 60~80퍼센트는 어 떤 형태로든 정신과적 질환이나 문제와 연관이 있다.

자살에 대응하는 교사의 역할

자살 예방을 위한 조치 | 수업시간에 생명 존중에 대한 교육을 하고, 특히 자살이 사회적 이슈가 되었을 때는 좀 더 강조한다. 평소에 학생들이 스트레스에 적절하게 대처하고 스스로 해결할 수 있는 방법을 가르치고, 위기에 처했을 때 도와줄 수 있는 '생 명의 전화', '청소년상담전화' 등 아이들이 상담을 받을 수 있는 관련 기관을 알려준다.

아이와 이야기한 결과 심각한 자살 의도를 갖고 있으며 위험 하다는 판단이 들면, 즉각 부모에게 연락하여 적극적으로 정신 과적 상담과 치료를 받도록 해야 한다. 과거에 자살 시도를 했거나 자살로 가까운 사람을 잃은 적이 있는 학생에게 자살 징후가 보이면 반드시 조치를 취해야 한다. 학교뿐만 아니라 학교 밖의 지원 체계를 구축하여 상담자나 신경정신과 등과도 연계하여야 한다.

담임은 자살 시도의 위험이 감지될 수 있는 증후의 발견이나 자살행동을 예방할 수 있는 적절한 지도 방법을 터득해야 한다. 반 아이의 자살 생각을 감지했을 때 침착성을 유지하되 비판하거나 충고, 설교 등을 하지 말고 학생이 계속 이야기하도록 격려하고 경청해야 한다. 학생이 구체적인 자살 계획을 갖고 있는지 구체적으로 물어보고, 몇 가지 가능한 대안을 모색해보는 것도 좋다. 언제든지 도움을 요청할 수 있도록 연락처를 알려주고, '자살하지 않겠다는 약속'을 받아놓은 뒤 지속적으로 지지하고 보살펴주어야 한다.

사후 관리 | 학급 아이가 자살을 했을 때 가장 먼저 해야 할 일은 학교 단위로 객관적인 사실을 아이들에게 알리는 것이다. 많은 교사들이 자살을 두려워하여 내용을 숨기는 경향이 있는데, 이는 사건에 대한 소문을 키울 가능성이 높기 때문에 정확한 정보를 주는 것이 낫다.

그리고 사후 프로그램을 진행해야 하는데 그 대상은 자살을 한 사람의 가까운 친구들이나 형제자매, 이성친구뿐만 아니라 죽은 사람과 최근에 다투었거나 갈등이 해소되지 않은 상태에 있는 사람, 사망한 친구가 사망하기 전 죄책감을 느낄 만한 말을 하거나 행동을 한 학생, 자살 계획을 알고 있던 학생, 사망한 친구에게 도움을 주려고 시도했던 학생 등이다.

아울러 자살 위협이나 시도 경험이 있는 학생, 친구의 자살을 목격한 학생, 희생자의 상황과 동일화하는 학생 등도 자살의 영향을 많이 받는다. 만약 학교에서 교사나 학생이 자살을 하였다면 학교 아이들과 동료 교사, 교직원도 많은 영향을 받는다. 따라서 이들을 대상으로 개인 상담이나 집단 상담을 해야 한다.

가까운 사람의 자살이나 죽음 후 아이들은 슬픈, 무서워하는, 죄의식을 가진, 희망이 없는, 안심한, 외로운, 화가 나는 등의 정서를 경험한다. 가슴통증, 배고픔, 소리에 과민함, 세상과 격리된 신체감각, 짧은 호흡, 허약함, 무기력함 등 신체 증상을 호소하며, 믿을 수 없어, 혼란스러워, 아마 미칠 거야, 집중할 수가 없어, 그것은 아마 내 잘못이었을 거야, 그것은 나일 수 있었어, 나도 자살을 시도하면 어떻게 하지? 등의 생각을 한다. 잠을 못 자거나 먹고 싶지 않으며 물건을 잊어버리기도 한다. 혼자 있고 싶어 하거나 상실에 대한 꿈을 꾸며 가만히 앉아 있지 못한다. 울음이 많아지며 상실과 연관된 물건에 집착하기도 한다. 교사는 이러한 모습에 대해 비난하거나 야단치지 말고 애도 작업을 할 수 있도록 도와야 한다.

소중한 사람의 죽음을 마음으로 받아들이지 못했다면 그분에게 미안한 점, 해주고 싶은 것, 하고 싶은 말이나 듣고 싶은 말을 적어보라. 그리고 소리 내어 읽은 뒤 눈물과 함께 마음에서 그분을 떠나보내라. 죽음은 우리가 받아들여야 할 인생의 숙제이다.

인터넷에
중독된 아이들

요즘 사회에서 아이들과 뗄래야 뗄 수 없는 것이 바로 인터넷이다. 이로 인해 인터넷에 중독된 아이들은 지각, 조퇴, 결석, 잦은 PC방 출입, 학습에 대한 홍미 결여로 성적 하락 등 학교에 부적응하는 모습을 보인다.

인터넷에 중독되면 일상 생활에도 다양한 악영향을 미치게 된다. 예를 들어, 부모와의 갈등과 언쟁이 발생하고, 이로 인해 가족과의 대화 단절이 일어난다. 가상세계 집착하다 보니 현실에서의 친구관계에 무관심하게 된다. 시력은 나빠지고, 신체적 허약과 비만, VDT 증후군, 거북목 증후군, 테니스엘보 등 신체 통증을 호소하기도 한다. 심지어는 게임비 마련을 위해 거짓말을 하거나 돈을 훔치기도 한다.

인터넷에 점점 몰입하기 시작하는 단계에는 수업시간에 졸다가 꾸중을 듣거나 가끔 멍하니 앉아 있는 경향이 있다. 아침에 일어나기도 힘들어지면서 서서히 일상생활에 부적응이 발생하는데, 그 결과 지각, 조퇴, 결석을 자주 하고, 성적이 하락한다.

인터넷 사용 조절이 어려운 단계에까지 이르게 되면, 충동적이며 행동 통제에도 어려움을 느낀다. 그러니 가족이나 주변 친구들로부터 고립될 가능성이 크다. 심각해지면 은둔형 외톨이가 될 수도 있다.

인터넷 중독의 수준

일반 사용자군 | 일반 사용자군은 약 1시간 정도의 접속시간을 보이며, 대부분 인터넷 중독 문제가 없다고 느낀다. 심리적 정서 문제나 성격적 특성에서도 특이한 문제를 보이지 않으며, 자기 행동을 잘 관리한다고 생각한다. 주변 사람들과의 대인관계에서도 심각한 외로움이나 곤란함을 느끼지 않는다.

잠재적 위험 사용자군 | 잠재적 위험 사용자군은 고위험 사용자에 비해 경미한 수준이지만, 인터넷 사용시간이 늘어나고 집착

할 가능성이 있다. 학업에 어려움이 나타날 수 있으며, 심리적 불안정감을 보이지만 큰 문제는 보이지 않는다. 2시간 정도의 접속시간을 보이고 자기조절에 약간의 어려움을 느끼며, 자신감도 낮아지는 경향이 있다.

고위험 사용자군 | 고위험 사용자군은 인터넷 사용으로 인하여 일상생활에서 심각한 장애를 보이면서 내성, 금단 현상이 나타난다. 대인관계는 사이버 공간에서 대부분 이루어지며, 해킹 등 비도덕적 행위에 기대를 보이고 일상생활에서도 인터넷에 접속하고 있는 듯한 착각을 하기도 한다.

인터넷 접속시간은 약 3시간 이상이며, 대개 자신이 인터넷 중독이라고 느끼고 학업에 곤란을 겪는다. 또한 심리적으로 불안정감, 대인 기피, 우울한 기분을 느끼고, 성격적으로 자기조절에 심각한 어려움을 보이며, 충동성도 높은 편이다.

현실세계에서 대인관계에 문제를 겪거나, 외로움을 느끼는 경우도 많다. 스스로 사용 시간을 통제하지 못해 인터넷에 끊임없이 빠져들고 학교에 와서도 컴퓨터 모니터만 아른거리는 등 학생으로서 학교생활이 되지 않고 스스로의 생활을 거의 통제할 수 없을 때, 그리고 부모가 인터넷을 차단하면 짜증이나 화를 내는 학생은 전문적인 치료를 받을 필요가 있다.

일반적으로 대부분의 초등학교 아이들은 어른들이 걱정하는 것과는 달리 인터넷 고위험군이 아니다. 어른들은 아이들이 컴퓨터를 하는 것 자체가 문제라고 보지만 아이들에게 컴퓨터는 놀이의 장이면서 동시에 소통 통로이다. 따라서 컴퓨터를 무조건 차단하는 것은 또 다른 문제의 원인이 될 수 있다.

가족, 아이들의
안식처인가 갈등처인가

5

가정폭력에
시달리는 아이들

아이들이 자신을 때리는 부모에 대해 느끼는 분노와 미움은 당연한 감정이다. 그래서 맞고 자란 아이들은 평범한 아이들이 부모나 어른들에게 하는 반항보다 훨씬 더 심하게 대들고 때가 되면 언젠가 부모에게 복수할 것이라는 다짐을 수없이 한다. 이 아이들에게는 TV에 등장하는 부모를 살해한 아들의 모습이 남의 이야기가 아니다.

가족에게서 폭력을 계속 당하는 아이들은 자신의 힘으로는 어쩔 수 없다는 낭패감을 맛보게 되는데 이것은 낮은 자존감으로 연결된다. 이를 보상하기 위해 아이들은 힘으로 친구들을 통제하거나 그룹의 짱이 되려고 한다.

아이들은 힘이 강해지면 다른 사람들에게서 폭력을 당하지 않을 것이라는 생각으로 자신의 힘을 드러낸다. 그러나 안타깝게도 힘을 과시하면 할수록 내면의 힘은 점점 약해져서 스스로 지탱하기 힘들어진다. 그래서 이 아이들은 억울하거나 무시당하는 상황을 견디지 못한다.

평소에 감정을 잘 느끼지 못하거나 느낀 감정도 거의 표현하지 않던 아이들도 본인이 무시당하는 상황이 되면 욕이 튀어나오고 폭력적인 행동을 하여 친구들이나 교사들을 놀라게 한다. 그러나 폭력적으로 주먹이 나가는 상황을 자세히 살펴보면 무시당했다는 느낌을 받은 것이지 실제로는 그렇지 않았던 경우가 많다. 억울하게 당했다고 생각하는 상황 역시 마찬가지이다.

체념과 무기력도 가정에서 자주 맞는 아이들이 느끼는 감정이다. '가만있으면 많이 안 맞으니까 조금만 참으면 돼요'라고 말하는 아이는 아버지의 폭력적인 말과 체벌을 참고 견디는 동시에 자신을 믿지 않는 부모, 어른에 대한 무기력함을 가지고 있다. 당연히 아이의 표정은 어둡고 우울하다. 이 상황이 지속되면 아이는 서서히 감정을 차단하고 어떤 즐거움이나 슬픔도 느끼지 못하게 된다. 어릴 때부터 감당하기 어려운 폭력을 보거나 당한 아이들은 화나 두려움 등을 깊이 숨기거나 차단하면서 기쁨이나 행복도 잘 느끼지 못하게 된다.

가장 나쁜 것은 아이들이 폭력에 익숙해지고 스스로 가해자나 피해자가 된다는 데 있다. 누군가에게 매를 맞을 때 아이들은 자신이 맞을 짓을 했다고 생각하는 경향이 있다. 부모들이 '너는 공부를 못 해서, 숙제를 안 해서, 정리를 안 해서' 등의 이유를 대면서 때리기 때문이다. 그래서 부모님이나 교사가 때려도 그것이 아무리 폭력적인 것일지라도 당연하다는 생각을 한다. 이런 생각을 하면서 맞는 아이들은 학교폭력이나 따돌림을 당할 확률이 높고 성폭행을 당할 위험마저 있다. 이런 점에서 본다면 교사가 아이를 때렸을 때 '왜 때려요?'라는 말을 하는 것은 아직 힘이 남아 있음을 의미하므로 긍정적인 신호이다.

반대로 자신이 억울하게 부모에게 맞거나 폭행을 당했기 때문에 학급 친구들이나 약한 아이를 때리거나 괴롭히는 것을 당연하게 생각하는 아이들도 있다. 학교폭력 가해자로 표현되는 이 아이들은 억울하게 맞은 자신의 분노를 표출하는 방법으로 폭력을 선택한다. 이 아이들이 배운 감정 표현 방법은 때리는 것과 욕설밖에 없기 때문이다.

매 맞는 엄마

학급 아이가 감정을 폭발하거나 공격적인 모습을 보여 엄마에게 전화를 했을 때 시큰둥한 반응을 보이거나 무기력함이 느껴지는 경우를 접해본 적이 있을 것이다. 때로는 담임에게 화를 내거나 나도 포기했으니 마음대로 하라는 퉁명스러운 반응을 하기도 한다. 엄마가 이렇게 하는 이유는 남편의 폭력에 시달리기 때문이다. 지속적으로 폭력에 시달리면 자신의 몸을 돌볼 기력이 없고 자신이 처한 환경을 체념하기 때문에 우울증일 확률이 높다. 자신의 몸과 마음이 만신창이기 때문에 아이를 돌볼 여력이 없는 것이다.

두 번째로 생각해볼 수 있는 것은 엄마가 아이를 때리는 당사자일 가능성이다. 최근 들어 의외로 많은 엄마들이 아이를 때리고 그것의 강도와 빈도는 아버지 못지않다. 이 엄마에게 아이의 행동에 대한 담임의 전화는 분노를 자극하고 추가 폭력의 원인이 된다.

가정폭력 문제에서 유의할 점

교사가 아이의 문제행동 때문에 학부모와 통화를 하거나 문제 상황을 알리면 이를 들은 부모가 아이를 더 강하고 가혹하게 때릴 수 있다. 이는 학교에서도 마찬가지다. 교실을 뒤집어놓을 정도로 강하게 감정을 폭발한 후 그 상황을 적게 하거나 말하게 했을 때 아이들은 생각나지 않는다거나 기억이 나지 않는다는 말을 할 때가 있다. 그때 선생님들은 기가 막혀 할 말을 잃거나 화를 내면서 야단을 친다. 그러나 아이들은 감정을 폭발하는 그 순간 제정신을 잃고 분노만 살아 있기 때문에 실제로 자신이 저지른 행동을 기억하지 못할 수도 있다.

많은 부모들과 교사들은 아이들이 자신의 욕구나 마음을 표현하는 것을 좋아하지 않으며 문제시한다. 그때 어른들이 놓치고 있는 것이 있는데, 그것은 평소에 자신의 욕구를 당당하게 표현하는 학생이 그렇지 않은 아이들보다는 더 건강하다는 사실이다. 심지어 공격적으로 표현할지라도 자신의 마음을 꼭꼭 누르고 있는 것보다는 낫다. 꼭꼭 눌러둔 마음은 언젠가는 자신도 모르게 밖으로 터져나오기 때문이다. 눌러둔 힘이 강하고 오래될수록 폭발력은 커지고 범위도 넓어진다.

감정을 폭발하는 행동이 어른이나 타인의 입장에서 보면 나쁜 문제지만, 그 아이만 생각한다면 분노와 미움, 자신의 상처를 마음에 담아둔 채 우울하고 무기력한 상태로 지내는 것보다는 낫다. 밖으로 표출하는 것은 그만큼 힘과 에너지가 더 필요하고 의욕이 있음을 의미한다.

또한 타인을 향해 드러난 공격성은 보이기 때문에 그 아이에 대해 관심을 가지고 적절하게 대처하며 도움을 줄 수 있다. 하지만 내부로 숨어든 분노와 우울은 타인이 모를 가능성이 커서 문제가 더 심각해질 수도 있다.

그렇다고 할지라도 분노를 폭발하여 친구들이나 상대방에게 피해를 주는 것은 정당하지 못하기 때문에 자신의 불편한 마음을 말로 부드럽게 표현하는 방법을 가르쳐야 한다. 건강하고 바른 방법으로 자신의 부정적인 감정을 표현하도록 꾸준한 연습을 시킬 필요가 있다. 누적된 분노를 상황에 관계없이 폭발적으로 드러내는 아이들에게는 더욱더 그렇다.

Advice 15

지속적인 폭력을 당한 아이들은 '내가 잘못을 했으니까 맞아도 싸다'는 생각과 함께 타인을 믿지 못하게 된다. 이 아이들은 담임의 호의와 관심도 믿을 수 없기 때문에 교사에게도 많은 상처와 좌절을 준다. 이때 한 발짝 물러나서 아이가 가족이나 부모에게서 받은 폭력의 강도만큼 교사를 거부하고 있음을 기억한다면 아이를 좀 더 편안한 마음으로 받아들일 수 있을 것이다.

..2

부모의 이혼으로
힘들어 하는 아이들

　이혼을 하기 전에 많은 부모들은 아이들을 걱정하면서도 아이들에게 어떤 준비도 시키지 않는다. 왜 부모가 헤어져야 하는지, 헤어지고 난 뒤 아이들의 양육과 돌봄은 어떻게 할 것인지에 대해 말해주는 부모는 거의 없다. 집을 나가는 엄마들은 시장을 갔다 온다는 이유로, 또는 외가에 갔다 온다는 핑계를 대고 나가서는 돌아오지 않는다. 영문을 모르는 아이들은 매일 엄마를 기다리면서 분노와 좌절을 경험하고 동시에 그리움을 느낀다.

　이혼은 부모 본인에게도 고통을 남기겠지만, 준비되지 않은 아이들에게도 외상trauma을 남긴다. 이로 인해 사람을 믿지 못하게 되며, 그 상처가 스스로 감당하기 어려울 땐 심리적으로 문제를 일으킨다.

어쩔 수 없이 이혼을 선택해야 할 때는 아이들에게도 가족이 해체되는 과정에서 겪을 고통을 견딜 수 있도록 시간을 주어야 한다. 그 다음에 부모가 이혼할 수밖에 없었던 이유와 그것이 아이의 잘못이 아니라는 점을 말해주어야 한다. 왜냐하면 많은 아이들은 자신이 말을 듣지 않아서 부모가 이혼했다고 오해하기 때문이다.

이혼이 아이에게 미치는 영향

부모의 이혼을 자기 탓으로 돌리다 | 많은 아이들은 부모가 이혼을 하면 자신 때문이라고 믿는다. 그도 그럴 것이 부모들은 자주 '네가 말 안 들으면, 공부 안 하면 집을 나가버린다'는 말을 하기 때문이다. 이 말을 자주 들은 아이들은 자신이 말을 잘 들으면 엄마가 집을 나가거나 이혼하는 일은 없었을 것이라고 생각한다. 어른들이나 부모들이 보기에 어이없는 이 오해가 아이들에게는 흔히 일어난다.

같이 살지 않는 부모에 대한 원망 | 한 아이는 이혼한 엄마와 함께 살고 있었는데 엄마는 자기에게 잘해주는 좋은 사람, 아빠는

엄마를 괴롭힌 나쁜 사람으로 생각하고 있었다. 그러면서도 친구들 앞에서 엄마에게 소리를 지르고 화를 자주 낸다고 했다. 아빠를 싫어하는 이유가 궁금하여 물었다.

"아빠는 어떠시니?"

"말하기 싫어요. 아빠라는 말조차 하기 싫어요."

"무슨 일이 있었니?"

"가정 형편이 어려워졌는데 그래도 계속 경마하고 도박도 해서 완전 빚만 남기고 집을 나가버렸어요. 진짜 싫어요. 떠올리는 것도 짜증나요."

아이가 생각하는 것과 달리 부모의 이혼은 아버지의 경마나 도박 때문이 아니었다. 엄마는 당신의 아이가 걱정될 정도로 강한 분노와 적개심을 가지고 있는 줄 몰랐다며 놀라워했다. 엄마에게 대들기도 하지만 타이르거나 좋게 말하면 알아듣는다고 했다. 실제로 아이는 아버지에 대해 거의 알지 못했으며 만난 지도 3년이 지났다고 한다.

아이는 왜 잘 알지도 못하는 아버지에 대해서 그토록 분노하며 적대적일까? 아이는 엄마가 혼자 자신을 키우기 위해 고생하는 것, 경제적으로 넉넉하지 못한 것, 자신이 친구들에게 왕따를 당한 것, 공부를 하지 않는 것 등 모든 상황의 원인을 아버지 탓으로 돌렸다. 이렇게 함으로써 아이는 자신의 분노와 공격성을 합리화하고 행동에 대한 책임을 지지 않아도 되었다.

이 아이에게는 아빠에 대한 분노를 정당한 방법으로 풀 기회와 아빠에 대한 객관적인 정보가 필요하다. 아버지에 대한 분노가 해결되지 않으면 아이는 친구들에게 공격적으로 반응하면서도 자신의 잘못을 인정하지 않을 것이다. 언젠가는 엄마마저 공격할 것이다.

같이 살지 않는 부모를 만나지 못하다 | 이혼 후 함께 살지 않는 부모에 대해 비난을 하는 것은 아이의 판단을 흐리게 하고 불안이나 비합리적인 분노를 키울 가능성이 크다. 이런 분위기에서 아이는 다른 쪽 부모에 대해 솔직한 마음을 표현할 수가 없다. 이렇게 되면 같이 사는 부모 몰래 다른 부모를 만나기도 한다.

엄마와의 갈등으로 문제행동이 드러나다 | 때로는 엄마가 가진 미안함과 죄책감이 아이가 보이는 문제행동의 원인이 되기도 한다. 이혼한 엄마가 갖고 있는 막연한 미안함이나 죄책감은 깊게 들어가보면 엄마의 걱정으로 인해 일어난다.

잘 생각해보면 이혼이 꼭 아이에게 나쁜 것만은 아니다. 이혼 전에 아이가 최악의 상황에 놓여 있었다면 더더욱 그렇다. 오히려 아이를 괴롭히고 마음을 불편하게 하는 것은 엄마가 자신에게 죄책감이나 미안함을 과도하게 갖는 것이다.

아이들은 엄마가 자신에게 가지고 있는 미안함이나 죄책감을 견디기 어렵다. 엄마에게는 그 감정이 당연한 것이지만 아이는 당당하지 못한 엄마의 모습을 싫어한다. 특히 엄마가 자신의 미안함을 보상하기 위해 하는 과잉보호나 과도한 간섭은 아이를 자신의 욕구 충족만 생각하는 안하무인으로 만들 확률이 높다. 또한 자신을 위해 모든 것을 희생하는 엄마에 대한 부담감과 미안함으로 마음의 갈등을 일으킨다. 이는 학교에서 분노로 표출되거나 문제행동으로 나타나기도 한다.

또 다른 엄마들은 아버지 없이 큰 자식이라는 비난을 받을까 봐 말과 행동이 반듯한 아이로 키우기 위해 규율을 지나치게 강요하기도 한다. 이때 아이들은 틀에서 벗어나려고 강한 반발을 하면서 문제행동을 한다.

아버지와 살다 | 아버지 혼자 아이를 키우는 가정에서 아이는 가정폭력 등에 방치될 가능성이 있다. 가정폭력이 지속될 경우 아이들은 심각한 신체적 정신적 고통을 당하게 된다.

가장 심각한 상황은 폭력적인 경향이 강한 아버지와 딸이 살아가는 경우이다. 이때 아이에게 필요한 것은 관심과 사랑, 폭력적인 상황에서 벗어날 수 있도록 도움을 줄 수 있는 다른 사람들의 협조이다.

또 다른 경우는 아버지가 아이를 어떻게 돌보고 챙겨야 하는지 방법을 모르거나 직장 때문에 시간이 부족한 경우다. 이때 담임은 많은 정보와 아이를 챙기는 방법에 대해 자세하게 안내하고 가르쳐주어야 한다. 알림장이나 전화 등으로 소통하면서 아버지의 어려움을 공감하고 도움을 주어야 한다.

이혼에 대한 솔직한 대화 | 최근 부모들은 이혼 후 아이 양육권을 서로 가지지 않으려 한다. 자신들의 새로운 삶이나 재혼을 하는 데 걸림돌이 될 수 있기 때문이다. 경제적인 이유도 큰 원인이다. 이런 이유로 조손 가정 아이들이 늘어나고 있다.

부모의 이혼에 충격을 받은 아이들은 상실감과 배신감, 같이 살지 않는 부모에 대한 그리움을 느낀다. 따라서 이러한 상황에 대해 진심으로 공감해주어야 한다. 특히 부모의 손길이 많이 필요한 초등학생들은 더 세심한 돌봄이 필요하다. 아이의 마음이 열리면 부모의 이혼이 부끄러운 일은 아니며, 다만 혼자서 감당해야 할 일이 많음을 말해주는 것이 좋다.

방치에 의해 상처받은 사람은 다른 사람을 착취하거나 과도하게 집착하는 경향이 있다. 이들은 착취나 집착을 자연스럽고 바람직한 것으로 본다. 정서적인 결여 경험이 있는 아이들은 자신이 살아 있음을 느끼기 위해 충동적 행위를 하는 경향이 있다.

이혼으로 인한 정서적인 방치는 아이들의 관계 맺는 능력에 부정적인 영향을 미친다. 친구들과 건강하게 관계 맺는 것을 힘들어한다. 또한 자신의 감정에도 관심을 기울이지 않는다. 무관심한 초연함은 다른 사람들이 보기에는 '일종의 벽'처럼 느껴진다. 이는 아이들이 마음의 문을 닫았음을 의미한다.

때때로 아이들은 상실감이 커서 자기를 버린 부모에 대한 분노와 복수심을 키운다. 아이는 공정치 못한 부모에 대해 앙갚음하기를 원한다.

이혼한 부모를 둔 아이들에게는 따뜻하고 친밀한 관계를 제공할 기회를 주어야 한다. 부모의 부재는 아이가 자신의 부모를 있는 그대로 지각할 기회를 박탈하여 과도하게 이상적인 사람으로 인식하게 만든다. 만약 아이가 어머니에 대해 알 기회를 박탈당하면 성인이 되어 여자와 친밀한 관계를 이루기 어려울 수 있다. 이상화된 어머니상 때문에 현실적인 여성을 대하는 데 어려움이 따르는 것이다.

이혼한 가정에서 자란 아이들은 정상적으로 사회공동체에 소속되어 있지 않다고 느끼는 경우가 많다. '소속되지 말라'는 메시지를 받은 아이들은 부모의 이혼이 다른 사람들에게 수용되지 않을 거라는 생각 때문에 다른 사람에게 말하기를 꺼린다. 담임이 이런 비밀을 아는 것 또한 좋아하지 않는다. 이 메시지를 계속 받은 아이들은 '내가 어디에도 속해 있지 않기 때문에 누구도 나를 좋아하지 않을 것이다'는 생각을 한다. 그러니 학급에 대한 소속감도 다른 아이들에 비해 적다.

많은 사람들은 한 부모 가정의 아이들에게 문제가 많다고 생각한다. 그것은 한 부모 가정 자체의 문제라기보다는 한 부모가 처한 열악한 경제 상황이나 구조적인 어려움 때문이다. 그리고 이혼한 부모나 함께 사는 한 부모의 심리적인 건강에 더 큰 영향을 받는다. 아이에 대한 미안함이나 죄책감을 가지고 있는 엄마의 바르지 못한 교육 방법, 폭력적이고 공격적인 성향의 아빠로 인해 발생하는 아이들의 분노 억압이나 폭발이 더 큰 문제를 만들고 있다.

이혼은 아이들을 위해 부모가 선택한 최선이었다. 이혼에 대해 아이와 솔직한 이야기를 나눠보라. 그리고 당당하게 말하라. 나와 너를 위한 최선의 선택이었으니 이해해달라고 말이다. 한쪽 부모가 없는 상황은 지금 바꾸기 어려우며 그것 역시 네가 받아들여야 할 삶이라고 말해주어야 한다.

> **Advice 16**
>
> 교사가 아이들과 학부모의 행동과 삶을 '정상 대 비정상'으로 나눌 경우 이해와 수용의 폭은 좁아진다. 흔히 '비정상'이라고 말하는 학부모의 행동이 어쩌면 그들의 삶에서는 최선이었는지도 모른다.

..3

가족 갈등으로
혼란스러운 아이들

어릴 때 할머니나 다른 사람 손에서 자라 부모와 오랫동안 떨어져서 지낸 아이들은 부모에게 친근감을 느끼지 못한다. 이때는 아이의 마음을 이해하고 서서히 다가가야 한다. 떨어져서 지낸 시간만큼 아니 그 이상으로 부모와 관계를 형성할 시간이 필요한 것이다.

아이는 자신이 버림받았다는 생각을 하지 않지만 몸의 세포가 그 느낌을 기억하고 있다. 따라서 부모는 할머니에게서 자랄 수밖에 없는 상황에 대해 설명하고 사과해야 한다. 이와 함께 현재 부모 자신이 느끼는 미안함과 죄책감도 아이에게 표현해야 한다. 그러기에 가장 좋은 시간은 아이가 잠들기 직전이다.

그다음 해야 할 일은 부모와 떨어져 지내던 그 시기에 부려야 할 어리광을 받아주는 것이다. 아이의 정서는 부모와 떨어지던 그 시기로 돌아가기 때문이다.

장난감을 사달라고 떼를 쓸 시기에 다른 곳으로 보내졌다면 아이는 끊임없이 물건에 대한 집착을 보일 것이다. 이때는 과하지 않는 선에서 그 욕구를 해결해주어야 한다. 다만 경계해야 할 것은 자신이 키우지 못한 것에 대한 미안함을 돈이나 물건으로 해결하려는 마음이다. 아이들에게 필요한 것은 부모와의 신체적, 정서적 접촉이며 그것을 통해 서먹함과 거리감을 해소하는 것이다. 많이 안아주고 손을 잡아주며 머리를 쓰다듬어주어야 한다.

조손 가정의 장단점

많은 할머니들이 무조건적으로 손자에게 쏟는 사랑은 긍정적인 면과 함께 부정적인 면이 있다.

긍정적인 측면은 할머니의 무한한 사랑이 아이에게 전해진다는 점이다. 그래서 아이는 뿌리 깊은 안정감을 느낄 수 있게 된다. 그러나 밥을 떠 먹여준다거나 옷을 입혀주는 등 할머니의 과한 보호는 아이의 독립심을 약화시킨다. 이 아이들이 학교에 오면 스스로 뭔가를 하지 못하여 위축되고 자기 물건 정리정돈 등 자기 할 일을 잘 하지 못한다.

할머니가 아이를 키울 때 조심해야 하는 또 다른 하나는 아이 부모에 대한 할머니의 부정적인 감정을 반복적으로 말하는 것이다. 자신의 부모에 대한 부정적인 소리를 들은 아이들은 혼란스러워하고, 사실 여부를 떠나 할머니의 판단을 받아들인다. 이것은 아이가 부모에게 돌아왔을 때 부모와 갈등을 일으키는 원인이 된다.

존재 가치를 인정받지 못한 아이들

어머니가 불행한 결혼생활을 하거나 임신 때문에 어쩔 수 없이 사랑하지도 않는 남자와 결혼하게 됐을 때, 남편과 헤어지고 싶지만 아이 때문에 살아야 하거나 아이 때문에 사회활동을 포기해야 할 때 부모는 아이를 거부하는 마음이 생긴다. 문제는 이 마음을 말로 표현하지 않아도 아이들에게 그대로 전해진다는 것이다. 의식적으로든 무의식적으로든 부모들은 아이에게 '없어져라'는 메시지를 준다.

부모가 하는 '넌 원하는 아이가 아니었는데, 네가 태어나지 않았으면 내가 이렇게 살지 않을 텐데' 등의 말이나 무의식적인 행동을 통해 아이에게 전해지는 금지 메시지는 '없어져라'이다. 태어나면서, 아니 태어나기 전부터 자신의 존재감 자체를 인정 받지 못했기 때문에 이 아이들은 불안한 모습을 보인다. 수업시간에도 끊임없이 움직이거나 불안해하고 감정의 기복이 크며 주위의 누군가를 원망하며 적개심을 갖는다. 그리고 무의식적으로 스스로가 자신을 거부한다.

입양된 아이들은 기억하든 못 하든 태어나면서부터 거부당한 아이들이다. 그러니 '넌 필요 없는 존재'라는 마음이 무의식 속에 숨어 있다. 그리고 마음의 준비가 되지 않은 상태에서 다른 사람의 손에 맡겨지면 아이는 자신이 사랑받을 가치가 없고 필요 없는 존재라고 생각하게 된다. 부모가 자신에게 관심이 없어서 자신을 버렸다고 생각한다. 때때로 이 아이들은 문제행동을 하고 그것은 다시 친구나 교사에게 거부당하거나 따돌림을 당하는 일로 이어진다. 심지어 이 아이들은 다른 사람이 자신을 거부하지 않고 받아들이는 것을 어색해하거나 불편해한다.

어렸을 때 거부당한 느낌을 가진 사람은 깊은 상처를 갖고 있다. 이로 인해 스스로를 받아들이지 못한다. 이 아이들에게는 이해심 많은 친구나 수용력이 넓은 교사가 좋은 부모 역할을 해주어야 한다. 지속적으로 아이가 인정받고 사랑받는 경험을 하게 될 때 아이는 본인의 존재를 받아들일 수 있기 때문이다.

어떤 형태로든 거부당한 아이들에게 교사가 해야 할 일은 아이 스스로 자신을 비하하고 꾸짖으며 거부하는 것을 중단하도록 돕는 것이다. 자신이 부모의 짐이 되는 것이 아니라 그것은 어쩔 수 없는 상황이었음을 알려야 한다. 그리고 아이가 자신을 스스로 받아들이고 꽤 괜찮고 가치 있는 사람임을 발견하도록 도와야 한다. 그러기 위해서는 아이의 성격이나 특성을 칭찬해주어야 한다.

가족 내 갈등의 원인

형제간의 갈등 | 많은 초등학생들이 형제 갈등을 겪고 있다. 형은 자신을 괴롭혀서, 누나나 언니는 잔소리를 해서, 동생은 깝죽거려서 등의 이유를 대면서 싫어한다. 대부분의 아이들은 부모들이 아무리 공평하게 대해도 자신보다는 다른 형제나 자매가 부모의 사랑을 더 많이 받는다고 생각한다.

아이들은 형이나 누나니까 참고 양보해야 하며, 동생이니까 오빠나 형 말을 잘 들으라는 말 속에서 많은 스트레스를 받는다. 이처럼 자신이 늘 불공평하게 당한다는 생각을 하거나 실제로 집에서 차별을 받은 아이들은 피해의식을 가지게 된다. 아이의 피해의식은 경험을 통해 지속적으로 형성되기 때문에 학교에서 친구들의 관계나 교사와의 관계에도 부정적인 영향을 미친다.

부모와의 갈등 | 부모와 아이의 성격이나 특성이 맞지 않는 경우에도 갈등이 발생한다. 부모와 자식 간이지만 서로 끌리거나 마음에 드는 상대가 있는 반면, 때로는 그렇지 않은 경우도 있다. 내 아이지만 성격이나 태도가 맞지 않을 수 있다. 물론 그렇다고 해도 대개는 아이에 대한 부모의 사랑은 변함이 없다. 하지만 또 반대로 아이를 사랑하는 마음이 전혀 일어나지 않는 경우도 있다.

아이들의 갈등은 잘해주는 부모에 대한 고마움과 잘 대해주지 않는 부모에 대한 미움이나 분노와의 싸움이다. 부모에 대한 양가감정의 갈등이 커질수록 아이는 점점 더 심리적으로 피폐해진다. 더욱이 아이들이 부모에 대한 양가감정을 드러낼 때 대부분의 교사들은 부모 편을 든다.

가장 나쁜 것은 아이가 부모의 하소연을 반복적으로 듣는 일이다. 더욱이 많은 아이들은 한 부모가 다른 쪽 부모에 대해 부정적인 마음을 토로하는 것을 듣는다. 이것이 계속되면 아이는 중간에서 어떻게 해야 할지 난감해하고 심한 경우 병리적인 문제가 되기도 한다.

Advice 17

많은 아이들이 가정에서 어렵고 힘든 일을 경험한 뒤 마음이 아픈 상태로 학교에 온다. 선생님들 역시 자신의 문젯거리를 안은 채 학교로 오는 경우가 많다. 그러니 둘의 문젯거리와 상처가 부딪치면 서로에게 큰 고통을 주게 된다. 교사가 교실에서 해야 할 일은 상처받은 아이들의 마음을 챙기고 지친 자신의 마음을 치유하는 것이다. 때로는 습관처럼, 아이들에게 상처를 주었을 수도 있다. 하지만 그렇다고 해서 무조건 자신을 탓하지는 말라. 그때는 교사에게도 그럴 만한 충분한 이유가 있었을 것이다.

다문화가정의
아이들

우리나라의 다문화가정은 대부분 저소득층이며, 사회적, 교육적 기반도 열악해 생활 부적응을 겪고 있는 경우가 많다. 취약한 계층의 남성이 외국인 여성과 결혼을 하는 경향이 많기 때문에 가구의 월 소득도 빈약한 편이다.

한국의 환경에 적응하지 못한 엄마의 문제와 경제적으로 여유롭지 못한 아버지의 심리 상태는 아이에게 그대로 전해진다. 이것은 아이들의 학교 부적응뿐만 아니라 우울이나 공격성 등의 문제를 일으키는 원인이 된다.

이 문제의 뿌리에는 자신의 현재 상황을 속이고 결혼을 했던 이기적인 아버지와 가족, 한국이라는 곳이 자신의 꿈을 실현시

켜줄 것이라는 막연한 기대를 하는 엄마가 있다. 또 취약한 계층의 다문화가정 부모는 문화와 양육 태도 차이에 따른 부부 갈등이 많음에도 불구하고 언어 소통의 어려움으로 인해 쉽게 해소되지 못한다는 문제가 있다.

다문화가정의 현실

한국어 교육 | 다문화가정 아이들은 언어를 습득할 시기인 유아기에 한국어가 서툰 외국인 어머니와 생활하므로 한국어를 제대로 습득하지 못한다. 학년이 낮을수록 말하기, 듣기, 읽기 능력뿐만 아니라 어휘력과 이해력이 부족하여 교과 수업시간에도 집중이 어렵다. 그 결과 아이들은 기초 학력이 부진하고 학습 결손이 일어나며 친구들의 수업을 방해하기도 한다.

무엇보다 필요한 것은 외국인 어머니와 그 자녀의 한국어 교육이다. 외국의 국제학교가 별도의 어학 코스를 만들어 영어 능력이 될 때 수업에 참여시키는 것처럼, 다문화가정 아이들이 많은 학교에서는 별도의 한국어 과정이 필요하다. 또 다문화가정이 많아지는 점을 감안하면 이를 전담할 교사도 필요하지만 현실적으로는 어려움이 있다. 다문화가정 아이들에 대한 지원이 일관성 있게 운영되지 않는 것도 문제라고 볼 수 있다.

특히 불법체류자인 외국인 노동자는 신분상의 불안으로 쫓기는 상황이므로 자녀를 학교에 보내는 것조차 어렵다. 아이가 학교생활을 하는 중에도 자주 전학을 해서 학교생활이 불안정한 경우도 많다. 이러한 불안은 아이들의 심리적인 안정에도 부정적인 영향을 미치지만 한국어 습득이나 학교생활 자체를 어렵게 한다.

불법 체류자의 문제는 법적인 영역이기 때문에 왈가왈부하기에 어려운 점이 있지만 교육을 받지 않고 방치되는 외국인 노동자의 아이들이 많아질수록 우리 사회는 건강하지 못하게 된다. 그들도 우리 사회의 구성원이기 때문이다.

반면 아버지가 외국 생활 중이나 자발적으로 외국인을 만나서 결혼하는 가정은 상대적으로 경제 상황이 부유한 편에 속하며 우수한 아이들도 많다. 이 가정의 아이들은 경제적인 어려움을 겪지 않는데도 불구하고 정부나 민간 차원에서 지원하는 다문화 프로그램의 혜택을 가장 많이 받는다. 엄마가 그 나라에서 엘리트인 경우가 많아서 생활 습관이나 언어 능력에 문제를 일으키지 않으며 한국 아이들보다 뛰어난 아이들도 많다. 물론 이 아이들에게도 별도의 관심은 필요하다. 한국어와 영어, 엄마 나라의 언어를 자유롭게 구사하는 장점을 발휘할 기회를 주고, 진로 지도를 할 때도 다문화가족을 위한 역할을 할 수 있는 곳으로 안내하는 것이 효과적이다.

다문화가정 엄마의 고민 | 다문화가정 엄마의 고민은 우리나라 대부분의 엄마들이 고민하는 것과 별반 다르지 않다. 컴퓨터를 많이 하는 아이를 어떻게 해야 할지 난감해하거나 사춘기가 되면서 반항하는 아이 때문에 속상해한다. 자신의 아이가 공부도 잘하고 생활 습관도 잘 형성하는 완벽한 아이이길 원하는 마음이 강한 엄마도 많다.

한편으론 다문화가정 엄마이기 때문에 자신을 부끄러워하는 아이에게 미안함과 죄책감을 가지고 안타까워하기도 한다. 한국어 실력이 부족하여 학교에 찾아오고 싶어도 망설이고, 과거 우리나라가 그랬던 것처럼 스승의 그림자도 밟지 않는다는 생각을 가진 나라에서 왔기 때문에 더더욱 오기 힘들어 한다.

학교와 교사가 다뤄야 할 일

교사는 다문화가정 아이의 엄마를 위한 교육과 상담에 적극적일 필요가 있다. 시간이 된다면 많은 프로그램을 안내하여 참여를 유도하는 것도 좋다. 다문화가정을 위한 실속 있는 프로그램이 많지만 알지 못하기 때문에 참석이 어려운 경우가 많기 때문이다.

교사가 안내를 해주는 역할을 하고, 학급 아이가 엄마 나라에 대한 자부심을 가질 기회도 주어야 한다. 엄마 자신도 자신의 나라에 대한 자존감을 높이도록 도와야 한다. 우리나라보다 못 사는 나라라고 하여 문화까지 저급하지는 않다. 모든 나라마다 각기 다른 문화와 습성, 특성이 있다는 사실을 기억하도록 하자.

시간을 내어 다문화가정 엄마와 함께할 수 있는 프로그램을 진행해보는 것도 학급 운영에 도움이 될 것이다. 같은 모국어를 쓰는 부모 집단 상담이나 이중언어 교실 등을 운영하는 것도 좋겠다. 언어 소통에 대해서는 그렇게 큰 걱정을 하지 않아도 된다. 집단으로 만나면 그 가운데 몇 명은 한국어를 잘 구사하기 때문에 별 문제가 되지 않는다. 개인적으로 만날 때는 다른 단체나 자원봉사자의 도움을 받으면 된다.

다문화가정의 아이들에게 엄마 나라의 역사와 문화, 음식이나 민족성 등에 대해 조사할 과제를 주는 것도 한 방법이다. 다문화가정의 아이들은 경제적으로 우리나라보다 못 살고 피부색이 다소 검다는 이유로 엄마 나라를 싫어하거나 무시하는 경향이 있다. 하지만 아이들 스스로 또는 모둠별로 그 나라에 대한 객관적인 자료를 수집하면 좀 더 구체적으로 그 나라의 장점이나 독특함을 깨닫게 된다. 그렇게 될 때 아이는 엄마 나라에 대해 자긍심을 가지고 되고 아울러 엄마에 대해서도 자신감을 갖게 된다. 다문화가정 엄마에게 모국에 대한 자존감을 높이는 것은 아이들을 위해서 꼭 필요하다.

Advice 18

어떤 이유에서든 문화와 말이 다른 나라에서 산다는 것은 힘든 일이다. 교사가 다문화가정 엄마의 힘듦을 이해하고 공감하는 것만으로도 그들에게는 큰 힘이 된다. 사람과 교류하고 소통하는 데 언어보다 더 중요한 것은 마음이다. 다문화가정에 대한 고민을 진심으로 이해하고 공감해주는 마음이 필요하다.

..5

부모의 양육
태도에 대한 이해

좋은 부모, 훌륭한 부모가 되고 싶은 마음과 달리 많은 부모들은 자신이 부모로서 자질이 부족하다는 불안이 있으며 자신감이 없다. 그래서 이들은 좋은 부모가 되는 길이라고 믿는 방식, 즉 강압적인 태도로 아이들을 키우려고 한다.

아이를 통제하는 이유

부모로서의 책임감 | 많은 부모들은 강압적인 태도가 아이를 통제하는 데 올바르고 필요한 것이라고 여긴다. 끊임없이 말을

들도록 잔소리를 하는 것이 사랑의 표현이고 자녀에 대한 관심이며 좋은 태도라고 생각한다. 자녀에게 잔소리를 하지 않거나 할 일을 제시해주지 않으면 부모 자신이 문제라고 생각한다. 그런데 이렇게 되면 정작 아이들은 스스로 자신의 감정과 관심 분야를 발견하거나 계발할 수 없게 된다.

아이에 대한 불신 | 아이에 대한 걱정 때문에 부모가 강압적인 경우도 많다. 자녀를 믿지 못하기 때문에 끊임없이 불안해하고 짜증을 내며 위협적인 목소리로 지시하고 또 지시하고 나중에는 말을 바꿔서 다시 지시한다.

말을 듣지 않으면 야단치고 명령하고 재차 확인한다. 반복적으로 지시하고 걱정하고 잔소리로 밀어붙임으로써 아이의 행동을 통제하려 한다.

부모들은 자신이 내리는 지시나 명령이 과거 자신이 박탈당했던 것을 보상받기 위한 행동이라는 것을 모른다. '우리 부모는 내게 대줄 돈이 없어서 하고 싶어도 못 했어. 너는 하고 싶은 것을 해. 내가 뒷바라지 해줄게.'라는 심리가 이면에 있는 것이다. 여기서 문제는 자녀가 자신과는 다른 시대와 경제적인 상황에서 살아가는 다른 개체라는 것을 잊고 있는 것이다.

반항을 선택하는 아이들

말없이 따르는 아이들 | 많은 아이들은 아무런 반항 없이 순순히 부모의 지시를 따른다. 부모에게 사랑받지 못하게 될까봐 두려워서 이의를 제기하지 않고 말없이 순종한다. 이 아이는 교사의 지시나 통제에도 반항 없이 따른다.

이 패턴이 반복되면 아이들은 자기의 일조차 책임지지 못하고 스스로 일하는 것도 두려워한다. 지시를 받고 주어진 일은 잘하지만 지시를 따르지 않으면 허전하고 명령을 내려줄 누군가가 필요하다.

소극적 반항 | 어떤 아이들은 부모의 지시에 적극적으로 반항하고 도전한다. 그 결과 부모는 더 위협적이고 강압적인 태도를 취한다.

부모들이 아이의 성장에 필요한 물질과 애정을 갖고 있기 때문에 초등학교 아이들은 분개하면서도 반항을 포기한다. 아이는 무섭고 불안하기 때문에 충돌을 피하면서도 한편으로는 '내가 힘이 세지면 어떻게 하나 두고 보자'는 말을 곱씹는다.

아이들이 가장 많이 선택하는 것은 소극적인 반항(수동공격적인 반항)이다. 감히 부모를 거역하진 못하지만 아이들은 자신의 관심사와 활동을 추구하고 펼칠 기회를 주지 않는 부모에게 소극적으로 자신을 주장한다. 부모의 지시에 늑장을 부리며 대응하거나 '할게요'라는 대답은 해놓고 꾸물거리는 것이 이에 포함된다.

아이의 꾸물거림은 부모의 더 강한 명령과 화를 부르는데 그러면 아이는 더욱 소극적인 반항으로 대항한다. 자신의 개성을 주장하기 위한 방법으로 늑장을 부리거나 우물쭈물하는 소극적인 반응을 보이는 것이다.

때로 아이들은 형편없는 성적, 학교에서 말을 듣지 않는 것, 엄마가 싫어하는 것을 몰래 함으로써 반항한다. 반항을 하면서도 아이들은 한편으로 자신이 야단을 들을까봐 불안해한다.

강압에 익숙한 아이들은 무기력하다 | 강압에 익숙한 아이들은 부모나 교사가 명령하지 않으면 스스로 움직이지 않는다. 모둠에서 자신에게 맡겨진 과제를 자발적으로 시작하여 마무리할 수가 없다. 그러면서 이 아이들은 모둠장이나 선생님이 자신에게 해야 할 일에 대해서 구체적으로 일러주기를 기대한다. 결국 그들이 할 수 있는 것은 다른 사람들에게 의존하는 것뿐이다.

아이들에게는 자신을 믿어주고 도와줄 자기편이 필요하다. 부모나 교사의 강압에 의해서가 아니라 혼자서 자신의 환경에 맞서고 스스로의 능력에 도전할 시간이 필요하다. 이렇게 할 때 아이들은 자신의 고유하고 특별한 개성을 살리고 자신의 힘과 능력을 깨닫게 된다. 아이가 스스로 일을 계획하고 성취하면서 만족감을 느낄 때, 자신의 능력에 대한 자신감과 존재에 대한 믿음을 가지게 된다.

자녀에게 휘둘리는 유약한 학부모

부모가 휘둘리는 이유 | 자녀가 부모의 삶에서 각별한 의미를 가질 때, 예를 들어 첫째 아이이거나 외동, 늦둥이거나 결혼 후 한참 뒤에 태어난 아이, 바라고 바라던 아들인 경우에 부모들은 그 아이의 모든 것을 받아주려 한다. 이들은 부모인 자신의 감정을 무시하고 자신에게 필요한 것들보다는 자녀들의 변덕스러운 요구를 먼저 생각한다. 이들은 아이에게 '안 된다'라며 거절하는 등의 방법으로 제동을 걸지 못하고 결국 아이에게 휘둘린다.

아이의 충동적인 요구에 화를 내거나 제재를 가하는 대신 죄책감을 느끼는 부모 역시 휘둘린다. 자신은 좋은 부모가 아니며 또한 이 특별한 아이를 진정으로 사랑하지 않는다는 죄책감을 가지고 있기 때문이다. 이를 아는 아이들은 부모가 화가 나서 자신을 받아들이지 않는 듯한 모습을 보이면 더 강하게 자신의 요구를 주장한다.

자녀에게 굴복하는 것과 사랑하고 보호하는 것을 혼동하는 부모도 자녀에게 휘둘린다. 이들은 자녀의 모든 요구를 들어주는 것이 자녀를 사랑하고 존중하는 것이라고 생각한다. 하지만 좋은 부모 노릇을 하기 위해서는 아이의 충동적인 경향에 꺾이지 말고, 선별하여 제어해야 한다.

욕구 통제가 어려운 아이들 | 요구하는 것을 모두 다 들어준 부모 밑에서 자란 아이들은 충동적인 경향이 강하다. 자발성과 충동성에 바탕을 둔 이 아이들의 말과 행동은 친구들의 관심을 끌고 인기를 얻는다.

충동적으로 행동하는 아이들은 창의적이고 자신만만하며 다양한 끼를 무대에서 발휘한다. 이 아이들은 자신의 감정을 솔직하게 표현하고, 이것은 자신감을 갖거나 성공을 거두는 데 도움이 된다.

이 아이들은 빠르고 쉽게 친구들과 친근한 관계를 맺는 능력이 있다. 사랑받거나 인정받기를 원하면 뛰어난 감각으로 그때그때 어울리는 말을 하고 놀라울 정도로 애교 있는 아이가 되는 것이다.

또한 이 아이들은 대체로 너그럽다. 다른 사람들에게서 사랑을 많이 받았기 때문에 심리적으로 인심을 쓸 만한 것들이 많다고 생각하며, 그것들을 거리낌 없이 친구들에게 준다.

그러나 이 아이들은 자신이 방해를 받거나 자신의 요구가 좌절당하면 거칠고 사나운 말을 하면서 짜증을 내거나 화를 낸다. 발끈하는 성질은 자기 뜻대로 뭔가를 할 수 없을 때 드러난다. 예를 들어 자신의 식탐에 제재를 가하지 못한다. 자신에게 음식을 먹이기 위해 애타게 노력하면서 음식 투정을 다 받아주던 엄마의 영향 때문이다.

상점에서 칭얼거리며 보챌 때 엄마는 처음에는 거절하지만 늘 아이가 사고자 하는 물건을 사준다. 대부분의 아이들은 부모에 의해 통제당하지만 이 아이의 부모들은 색다른 것을 사달라는 아이의 요구를 거절하지 못한다. 이로 인해 아이들은 물건이 자기에게 필요한 것인지에 대해 고민하지 않고 욕구 자체를 통제하지 못하게 된다.

친구들과 깊이 있고 가까운 관계를 맺는 데 어려움을 겪기도 한다. 아이들은 새로운 아이가 전학을 오거나 나타나면 가깝게 지내던 이전 친구는 버리고 다른 친구를 사귀는 등 친밀한 관계를 깨기도 한다. 빠르고 손쉽게 친밀한 관계를 맺기 때문에 친하게 지내던 친구는 금방 잊어버린다.

처벌하는 부모

일관성 있는 처벌에도 단점은 있다 | 처벌은 부모가 자신의 삶에

서 해결하지 못한 문제로 인해 가지고 있는 적개심과 공격적인 감정을 아이들에게 발산할 때 일어난다. 이때 아이는 부모의 기분을 풀어주는 대상이 된다. 자신의 삶에서 실업이나 경제적인 어려움 등 부정적인 사건이 많이 일어날수록 부모의 적개심은 더 엄격하고 단호하며 가혹한 처벌로 드러난다.

부모 자신의 생활에 대한 불만족이나 미해결 문제로 인해 일어나는 처벌은 자녀의 잘못과는 아무 관련이 없으므로 거의 언제나 지나치게 가혹하고 억울하다. 또한 자녀의 잘잘못보다는 부모의 기분에 따라 달라지기 때문에 일관적이지 않다. 아이들은 언제 시한폭탄이 터질지 모르므로 늘 두려워하고 불안해하며 긴장 상태이다. 자신의 문제로 아이를 처벌한 이후 많은 부모들은 죄책감을 느끼고 이를 보상하기 위해 심하게 방임하기도 한다.

부모들은 '규칙을 지키지 않았으니까 벌을 받는 건 당연한 거야. 그러니까 이건 네 잘못이야'라고 말하면서 처벌한다. 매를 맞으면서 아이들은 '네가 잘 자라도록 하기 위해 벌을 준다'는 말을 듣는다.

부모들은 자신이 설정한 엄격한 규율을 분명히 알아듣게 하려고 일관성 있게 벌을 주고자 한다. 그런데 일관성 있는 규율은 자신이 언제 처벌을 받을지를 알게 해준다는 측면에서 긍정적이지만, 반면 처벌을 받지 않기 위해 아이들은 거짓말을 하게 된다.

처벌을 중심으로 교육하는 부모는 자신도 이런 식으로 양육되어왔으며, 어떤 면에서 부모들이 보여주는 지나친 처벌은 부모의 부모가 보여준 처벌에 대한 보복일 가능성도 있다.

무엇보다 아이를 믿어야 한다 | 안타깝게도 많은 부모들은 자신들이 적용하는 규칙에 대해 의문을 제기하지 않으며 그것이 옳다고 생각한다. 성장하는 아이에게 과연 그 규칙이 진리인가? 아이들은 감정과 행동의 변화가 다양한 것이 지극히 정상이며, 그렇지 않은 것이 오히려 문제이다. 어떻게 아이들이 스스로 숙제를 하고 하기 싫은 공부를 지속적으로 할 수 있겠는가? 그런데 왜 그것이 용납되지 않으며 아이가 반드시 지켜야 할 규칙이 되어야 하는가?

많은 부모들이 자기가 처벌하지 않으면 자기의 말을 따르지 않고 사고를 칠 것이라고 확신한다. 아이들은 몸과 마음으로 이 불신을 감지하고 자기 부모들의 기대에 부응한다. 자신의 믿음대로 아이가 문제를 일으키면 부모들은 더 강하게 처벌 지향적으로 간다.

불신은 아이의 자기 비하를 가져오는데, 그 이유는 부모가 자신을 믿어주지 않아 아이 스스로도 본인의 능력이나 가능성을 믿지 못하기 때문이다. 또한 불신을 통해 아이는 실패를 예상하기 때문에 우울하고, 불길한 예감 때문에 자신감이 없어진다. 결

국 아이는 성공할 수 없다. 또한 자기 불신이 있는 아이는 노력
해봐야 소용이 없기 때문에 자신에게 능력과 자격이 있다는 것
을 애써 보여주려 하지 않는다.

가혹한 처벌은 사랑의 반증이 아니다 | 심각한 것은 가혹한 처벌
행위에 일종의 사랑과 애정이 섞여 있다는 점이다. 처벌은 아주
가혹하고 잔인한 매질조차도 아이를 보호한다는 미명하에 이루
어진다.

처벌 지향적인 부모는 애정과 지나친 징벌을 뒤섞어놓는다.
그래서 육체적인 고통과 학대를 사랑받고 있다는 증거라고 생
각하게 만든다. 주눅 들어 있는 아이에게 욕설과 매질을 하면서
'이게 다 너 잘되라고 하는 일'이라며 소리 높여 말한다.

많은 부모들이 아이에게 매를 들면서 당신 자신의 과거 이야
기를 한다. 그러나 요즘 아이들은 과거 세대와는 다르다.

부모에게서 매를 맞거나 체벌을 당하는 아이들, 특히 남자아
이들은 매를 맞으면서 느끼는 분노를 친구들에게 표출하면서 힘
을 과시하거나 친구들을 때리면서 푼다. 이때 아이들은 부모에
게 맞은 억울함을 풀기 때문에 죄책감을 느끼지 않는다. 무의식
적으로 자신이 당한 것을 푼다고 생각하기 때문에 정당하고 당
연하다고 생각한다.

처벌은 복수를 불러일으킬 뿐이다 | 처벌은 전적으로 힘의 논리에 근거한다. 처벌에 사용되는 부모의 힘은 아이가 아니라 부모 자신의 필요에 의해 사용된다. 이때 무시되는 것은 아이의 감정과 사회적, 정서적 욕구이다. 그럼에도 불구하고 부모는 자신이 부모 노릇을 잘하고 있다고 생각한다. 이때 아이가 반항을 하면 강제로 억누르고 반항하지 않는 법을 가르친다면서 또다시 가혹한 매질을 한다. 이 과정에서 아이의 반항은 멈추지만 심리적으로는 심한 상처를 받는다.

부모의 처벌은 아이의 육체적인 힘이 강해지면서 멈추지만, 아이는 반항적이거나 난잡한 행동을 하고 형편없는 학교 성적을 보이며 무례한 태도나 태만 등의 모습을 보인다.

부모들은 체벌을 할 때 '너 때문에 내가 힘들다!' 식의 말투를 사용한다. 이때 아이들은 스스로를 '나는 말썽꾸러기야. 나는 벌을 받아 마땅해' 등의 자기비하적인 생각과 '쓸모없고 착하지 않으며, 악하고 사랑받을 가치도 없는 존재'라는 비합리적인 신념을 키운다. 그리고 결국 아이들의 자기존중감과 성장 가능성은 축소된다. 특히 자신의 충동성을 인식하지 못하고 충동을 자제해야 할 필요성을 느끼지 못한 상태에서 처벌이 일어나면 아이들은 자신이 몹시 악한 사람임을 더 깊이 확신하게 된다.

이러한 패턴이 성인기까지 이어지면 아이들은 자신이 잘못을 하지 않았는데도 죄의식과 죄책감을 느끼게 된다. 죄책감을 느끼는 사람은 자신을 존중하지 못할 뿐만 아니라 다른 사람의 칭찬이나 긍정적인 피드백도 받아들이지 못한다. 또한 죄책감 때문에 즐겁거나 여유로운 생활을 하지 못하고 자신의 삶을 가혹하게 만든다.

아이들은 체벌을 당하면서 부모의 부당하고 지나친 처벌에 대해 복수하거나 앙갚음하고자 하는 마음을 가진다. 처벌이 부당하다고 느낄수록 아이들은 '내가 힘이 더 세지면 가만두지 않겠다'며 복수의 칼날을 번뜩인다. 이와 함께 아이는 벌을 피하기 위해 거짓말을 하거나 속임수를 쓰기도 한다.

체벌을 하면서 부모가 바라는 것과는 달리 벌을 받은 아이는 훈육과 규율의 필요성을 파악하지 못하고 다정함 또한 느끼지 못한다. 그 대신 아이들은 다른 친구들에게 복수를 한다. 자신보다 작거나 힘이 약한 친구에게 폭력을 가하고, 물건을 훔치거나 집 안을 난장판으로 만든다. 자기에게 부과된 규율을 모두 위반함으로써 부모들을 실망시키고 화나게 만든다. 범죄를 저지르면서 사회적으로 복수를 하기도 한다. 이러한 불특정 다수를 처벌하는 복수는 심각한 사회 문제를 동반하게 된다. 이들은 생산적인 일에 투여해야 할 활력을 자신의 복수를 충족시키는 데 쓰고 있다.

아이들은 보복하고자 하는 자신의 마음이 워낙 강하고 잔인해서 그것을 제어하지 못할까봐 두려워하고, 자신의 본 모습이 탄로 나서 처벌받을까봐 안절부절못한다. 지속적인 처벌을 받은 아이들은 밖으로 강한 척하지만 내면에는 공포심에 바탕을 둔 무력감이 있다. 이를 은폐하고 제어하기 위해 이 아이들은 늘 긴장하고 불안해한다.

처벌이 불러오는 자기비하감 | 아이들은 자신의 자발적인 충동이 항상 처벌을 불러왔기 때문에 자발성 자체를 문제시하고 외면한다. 또한 처벌로 인해 몰가치감과 죄책감, 보복 심리, 공포심 등에 에너지를 투여하기 때문에 자발성을 발휘할 여유가 없다. 더욱 나쁜 것은 자발성이 자신과 다른 사람들에 대한 신뢰를 바탕으로 이루어지기 때문에 처벌을 지속적으로 당한 아이들은 어느 누구도 신뢰하지 못한다는 점이다.

아이들은 죄책감과 함께 자신이 착하지 않고 사랑받을 존재가 아니라는 자기비하감을 가지고 있다. 이런 이유로 자신이 타인에게 아무런 가치도 없는 존재라고 생각한다. 처벌 위주의 가정에서 자란 많은 여성들이 아버지와 같은 처벌형의 남성과 결혼함으로써 자신을 학대한다. 이들은 자신을 괴롭히지 않는 남성과 결혼하면 마음이 편하지 않다. 남편의 좋은 면을 발견할수록 자신이 그만큼 쓸모없는 존재임을 느낀다. 자신은 따뜻한 배려나 챙김을 받을 사람이 아니라는 낮은 가치감을 가지고 있기 때문이다.

한편, 윤리적으로 엄격하게 훈육하는 가정에서 자란 아이 가운데에는 자기 부모의 기준과 태도에 따라 착한 사람이 되려는 아이가 있다. 아이는 부모의 인정을 받지 못하는 것을 견디기 어렵기 때문에 이 태도를 따른다. 이들은 어른이 되면서 자신에게 더욱더 엄격하고 품위 있는 사람으로 변하지만 다른 사람과는 멀어지는 경향이 있다.

아이의 미숙한 행동에 대해 나쁘다 또는 악하다고 하면서 윤리적 가치를 부여하는 것은 아이를 때리는 것과 같은 부정적인 효과를 낸다. 처벌을 윤리화하는 과정에서도 부모는 자녀에게 자신의 적개심을 드러내고 자신의 죄책감을 떠넘긴다. 지속적인 윤리화로 인해 아이는 자신을 비하하게 된다.

부모가 아이에게 주는 잘못된 메시지

아이들은 부모의 도움으로 살아가고 많은 영향을 받는다. 부모들이 아이들을 바르게 성장시키고 돌봐주지만, 많은 경우 부모 역시 해결하지 못한 과거의 문제가 있으며, 삶의 과정에서 여러 가지 어려움을 겪게 된다. 이것은 언어와 행동을 통해서 아이들에게 여과 없이 전달된다. 이렇게 전달된 것들 가운데 아이들의 삶에 많은 영향을 끼치는 금지 조항들이 있다.

하지 마라 | '하지 마라'는 겁이나 두려움이 많은 부모들이 주로 주는 메시지로 '위험하니까 조심하라'는 말을 자주 사용한다. 이 금지를 들은 아이들은 자신이 뭔가를 하려고 할 때 안전하지 않다고 믿기 때문에 위축되고, 새로운 것에 도전할 용기를 잃으며 두려움이 많아진다.

이 아이들은 '나 스스로 결정할 수가 없다. 실수할 것이 두려워서 결정을 내리기가 겁이 난다. 누군가 나 대신 결정을 내려주면 좋겠다' 등의 생각들을 하게 된다. 타인이 자신을 보호하고 결정해주기를 바라는 것이다.

가까이 하지 마라 | '가까이 하지 마라'는 메시지를 주는 부모는 신체적인 접촉을 좋아하지 않거나 자녀에게 무관심하여 아이들과 건강한 접촉과 감정 교류를 하지 못한다. 이로 인해 아이들은 사람들에게 가까이 다가가면 안 된다는 메시지를 받게 되어 타인을 믿지 못하게 된다.

부모들은 이러한 태도와 함께 사람들을 '믿지 마라, 사랑하지 마라' 등의 메시지를 주는데, 이것이 반복되면 아이들은 자신을 불신하게 된다. '내가 사람들에게 가까이 가면 사람들은 나를 떠날 것이다. 가까이 가면 내가 상처를 받을 것이다' 등의 생각을 하면서 사람들과 멀어진다.

이러한 부모들은 신체 접촉에 대한 부정적인 생각을 갖고 있기 때문에 아이들에게 이성친구와의 신체 접촉을 터부시하거나 성정체감 형성에 불균형을 초래하는 등 좋지 않은 영향을 미치기도 한다.

중요하게 되지 마라 | 부모들이 '너는 눈에 띄거나 중요한 사람이 아니다'라는 메시지를 주는 경우가 있다. 딸 많은 집안의 넷째 딸이거나 장애가 있는 형의 건강한 동생인 경우 등이다.

이 메시지를 받은 아이들은 자신이 한 인간으로서 인정받지 못하는 느낌을 받고 자신의 욕구와 필요는 중요하지 않은 것으로 여기게 된다. '나는 결코 중요하지 않으며, 중요하게 되더라도 그 사실은 아무도 모르는 것이다' 등의 생각으로 자신의 존재를 숨긴다.

이러한 메시지를 주는 부모들은 딸을 많이 낳은 자신의 열등감이나 장애를 가진 형제에 대한 죄책감을 투사하는 경우가 많다. 이로 인해 이러한 메시지를 받은 아이들은 부모의 죄의식까지 감당해야 한다.

어린애처럼 행동하지 마라 | '어린애처럼 행동하지 마라'는 메시지는 어른스러움을 장려하는 우리나라의 문화와 연관이 깊은 조항으로 장남이나 장녀 콤플렉스와 일맥상통한다.

부모는 '너는 유치하게 행동하거나 놀아서는 안 되는데 그 이

유는 네가 너 아닌 다른 사람을 돌보고 책임져야 하기 때문이다'
라는 메시지를 아이에게 던진다. 이 메시지를 받은 아이들은 자
신이 아닌 동생이나 집안을 위해 최선을 다하고 많은 칭찬을 받
는다. 반면 자신을 위해 시간을 내어 놀거나 무언가를 하는 것은
힘들어 한다.

이 아이들은 '나는 유치한 짓을 하지 말고 성숙한 행동을 할
것이다. 나는 다른 사람을 위해서 일할 것이며 나 자신을 위해서
는 어떤 것도 요구하지 않을 것이다'는 생각을 갖고 있다. 교실
에서 애어른같이 아이들을 바라보고 교사의 말을 잘 파악하여
마음을 헤아릴 줄 알며, 철이 든 모습을 보이는 아이들은 집에서
이 메시지를 받고 있을 가능성이 높다.

성장하지 마라 | 많은 부모들은 아이들이 자신에게 지나치게 의
존한다는 이유로 불평불만을 늘어놓는다. 그러나 정작 아이가
자신의 품을 떠날 무렵에는 아이를 곁에 머물게 하려고 애를 쓴
다. '아이로 남아 있으면서 나를 떠나지 마라'는 메시지를 주는
이유는 아이가 자신의 존재 기반이기 때문이다.

그러나 대부분의 아이들은 성장하여 부모의 품을 떠난다. 부
모들이 반복적으로 이 메시지를 주게 될 때 아이들은 '부모를 위
해 나는 꼬마로 무력하게 남아 있을 것이다. 아버지가 나를 거부
하지 않도록 남자다워지지 않을 것이다' 등의 생각을 한다. 성인

이 되어서도 부모를 떠나지 못하고 경제적 지원을 받는 캥거루
족이 만들어진 원인 가운데 하나는 부모의 이 메시지 때문이다.

성공하지 마라 | '성공하지 마라'는 메시지는 아이가 노력하여
새로운 일을 완성했거나 성취했을 때 칭찬하고 인정하기보다는
뭔가를 잘못하거나 실수했을 때 부모의 관심을 받거나 비판과
야단을 자주 듣는 아이들이 갖게 되는 메시지다.

부모들은 아이가 잘못했을 때 '너는 그것을 할 수 없다. 너는
무엇 하나 제대로 하는 것이 없냐!' 등의 메시지를 준다. 부정적
인 피드백을 지속적으로 들은 아이들은 '나는 원래 바보이고 실
패자이다. 나는 훌륭하게 성공하지 못할 것이다. 잘하는 건 하나
도 없네' 등의 생각으로 자신감을 상실한다.

현명하게 아이를 통제하는 방법

단호하고 정중하게 | 아이들은 자신에게 적절한 제재가 가해지
기를 원하고 자기 부모들이 정해놓은 제약 안에서 자신에게 허
용되는 범위가 어디까지인지 알고자 한다.

부모가 자녀에게 제약을 정해주는 일은 단호하되 모질거나 잔
인하지 않고 정중하게 행해져야 한다. 부모가 정하는 한계는 누

구든지 사회에서 사람답게 살아가고 자신의 힘을 발휘하는 데 필요한 자기 통제의 바탕이 된다. 그러한 제약이 없으면 아이들은 아주 쉽게 상처를 받으며 언제까지나 충동에 끌려 행동하고 어른이 되어 마주칠 상황에 적응할 수 없게 된다.

희생만이 전부가 아니다 | 부모들은 아이를 위해서 또는 아이의 행복을 위해서라면 어떤 희생이라도 치르려 한다. 이러한 부모 밑에서 자란 아이들은 무엇이든 다른 사람들이 자신을 위해 뭔가를 해주기를 바라는데, 이런 요구를 들어주는 것이 사랑이라고 여긴다. 그래서 자신의 요구가 채워지지 않으면 자신을 사랑도 받지 못하는 쓸모없는 존재라고 여긴다.

이것이 반복되면 부모가 확실하고 단호한 제재를 가할 필요가 있는데도 아이가 오히려 화를 내서 통제를 못 하게 된다. 심한 경우 부모로서 커다란 희생을 치르거나 부모 나름의 삶과 권리를 포기해야 되는 지경까지 간다.

죄책감을 버려라 | 교사 역시 매일 잔소리와 지시를 하는 강압적인 역할을 한다. 많은 교사들은 강압이 교육을 위해, 아이의 바른 성장과 미래를 위해 필요하다고 여긴다.

교사들은 강압적인 태도에 익숙해져 있기 때문에 그것을 하지 않으면 교사로서 직무를 유기하는 것이라고 생각한다. 강압적인 부모들이 느끼는 것과 마찬가지로 지시하고 잔소리를 하지 않으면 교사로서 아이를 포기한 듯한 죄책감을 느낀다.

강압이 지나칠 경우 아이들은 부모의 강압적인 명령에 반항하는 것과 똑같은 방법으로 교사의 명령에 소극적으로 반항하거나 교묘하게 숨겨둔 방법을 이용한다. 그리고 점차 고학년이 되면서 아이들은 그룹이나 학급 단위로 반항하기도 한다.

Advice 19

이해할 수 없는 부모를 만나거든 굳이 이해하려고 애쓰지 말라. 그들은 그렇게 말하거나 행동할 수밖에 없는 과거 심리사를 갖고 있다. 그들의 삶을 이해하고 수용해주면 좋겠지만 그것은 교사의 능력 밖에 있다. 따라서 부모를 변화시키려 노력하지 말고 지금 보이는 모습 그대로를 인정하고 받아들이자.

Chapter

교사의 자기이해와
스트레스 관리

6

교사의 자아와
의사소통 유형

교류분석심리학의 창시자인 에릭 번[E. Berne]에 의하면 사람은 '어버이 자아[Parent]'와 '어린이 자아[Child]', '어른 자아[Adult]'를 모두 가지고 있다. 그리고 교사에게 이 3가지 자아는 주로 학생과의 관계에서 나타난다.

어버이 자아

'어버이 자아'는 0~5세 사이에 부모에게서 모방하여 학습된 태도와 지각 및 행동으로, 자신의 생활에서 의미를 부여한 타인들이 말하고 행동하는 것을 듣고 관찰함으로써 형성된 것이다. 그런데 무비판적으로 수용된 어버이 자아에 의해 나타나는 개인의 행동은 비현실적이고 부적절한 경우가 많다. 무비판적으로 무조건 수용하므로 비현실적이고 독선적이며 금지적인 것이다.

가르침을 통해 만들어진 모습인 어버이 자아는 '비판적(통제적) 어버이 자아Critical Parent'와 '양육적 어버이 자아Nurturing Paraent'로 나뉜다.

비판적 어버이 자아 | 비판적(통제적) 어버이 자아가 강하게 나타날 때 교사는 보수적이고 선악이 분명한 도덕적인 사고로 학생을 가르치고, 권위로 통제하고 비판하며 규칙에 따를 것을 강요한다.

이 자아가 강한 교사는 '이렇게 해라, 저렇게 해라, 이렇게 해서는 안 된다, 저렇게 하지 않으면 안 된다' 등의 규범을 끊임없이 제시한다. 아울러 규칙을 지키지 않는 학생에게 '네가 틀렸어, 소용없어! 그렇게 하지 마' 등의 말을 자주 사용한다.

기성세대의 문화나 전통, 관습을 전하는 역할을 하는 학교의 특성상 비판적 어버이 자아는 필요하다. 하지만 문제는 학교가 비판적 어버이 자아의 가르침을 강요하는 반면 학생들은 이를 거부하는 데 있다. 이를 극복하기 위해 여전히 많은 교사들은 비판적 어버이 자아를 더욱 강화시켜야 한다며 학생들의 말과 행동을 단정적으로 비판하고 위압적으로 통제하려 한다. 이렇게 함으로써 교사가 원하는 것은 학생들이 규칙을 따르는 것이지만, 오히려 학생들은 교사의 권위적이고 강압적인 모습에 반발한다. 그러다 보니 비판적 어버이 자아를 강조하는 학교와 이를 거부하려는 학생들과의 갈등은 악순환의 고리를 만들고 있다.

양육적 어버이 자아 | 양육적(보호적) 어버이 자아는 학생들을 챙기고 돌보는 교사의 모습에서 발견된다. 양육적 어버이 자아가 강하게 드러날 때 교사는 학생들을 돌보거나 위로해주는 지지자 역할을 하고 학생이 성장할 수 있도록 보호하는 교육자의 모습을 띤다. 학생들의 어깨를 두드리거나 안아주고 다정하게 손을 내미는 등 온화하고 애정이 깃든 교사의 위로와 지지를 통해 학생들은 힘든 일과 어려움을 극복하게 된다.

양육적 어버이 자아가 강한 교사들은 주로 '내가 도와줄게, 네가 걱정되거나 마음에 걸려'라는 지지하는 말이나 '잘했다. 예쁘다, 귀엽다' 등 칭찬하는 말을 자주 한다. 이는 엄마의 따뜻함을 덜 경험하는 아이들에게 충분히 좋은 엄마 역할을 하면서 안정감을 제공한다. 이를 통해 학생들은 부모에 대한 분노와 화, 반항심 등을 정화시키기도 한다.

어린이 자아

'어린이 자아'는 인간에게 자연스럽게 나타나는 모든 충동과 감정, 그리고 생의 초기에 겪은 경험을 통해 형성된 감정들과 그에 대한 반응 양식들을 말한다. 어린이 자아는 생활에 대한 감정적 개념을 중요시하기 때문에 느낌이나 기분으로 부정적 감정을 경험하게 될 경우에는 '자기 부정적 자아I'm Not OK'를 형성하게 된다.

어린이 자아는 '자유로운 어린이 자아Free Child'와 '순응하는 어린이 자아Adapted Child'로 나뉜다. 자유로운 어린이 자아는 부모나 어른의 반응에 구애되지 않고 자발적으로 자유롭게 자신을 나타내는 자아 형태이고, 순응적 어린이 자아는 어른이나 권위자의 관심을 얻기 위하여 눈치를 보는 행동을 취할 때 기능하고 작용하는 자아 상태이다.

자유로운 어린이 자아 | 자유로운 어린이 자아는 본능적이고 충동적이어서 즐거움을 추구하는 동시에 반항적이며 자기중심적이다. 이들은 직관적이고 창조적이어서 새로운 아이디어로 일을 벌이는 데 적극적이다.

자유로운 어린이 자아가 강한 교사들은 밝고 명랑하며 큰 소리로 말하는 등 자유분방한 행동을 하고, 자신의 희로애락을 자연스럽게 표현한다. 그들은 '너희들 잘했어! 멋져. 네가 해내는 걸 보니 기분이 좋다. 아싸! 네가 해냈어! 아이스크림 사줄까?' 등 자신의 감정을 솔직하게 표현함으로써 학생들과 동료 교사들을 기분 좋고 자유롭게 만든다.

대부분의 학생들은 '자유로운 어린이 자아'가 강한 데 비해 교사들은 이 자아의 모습을 드러내면 안 된다는 생각으로 자제하는 경우가 많다.

순응하는 어린이 자아 | 순응하는 어린이 자아는 어른들에게서 착하다는 말을 자주 듣는 고분고분한 자아로 순응적이고 소극적이며 감정 억제적이고 순종적이다. 이와 함께 의존적이고 타율적인 경향이 강하며, 때로는 자기연민적이며 자학적인 특성이 있다.

순응하는 어린이 자아가 강한 교사는 당당하기보다는 자신감이 없으며, 학생이나 동료 교사, 관리자의 눈치를 보거나 의존하는 태도를 보인다. 자신의 감정을 억압하거나 솔직한 마음을 표현하지 않는 경향 또한 강하다.

이들은 학생들에게 '이렇게 해도 괜찮겠니? 난 어떻게 되든 상관없어, 너희가 원하는 대로 해' 등의 말로 눈치를 보고, 동료 교사들의 칭찬이나 거부에 '어차피 저는 뭐, 그런 말 들을 자격이 없습니다' 등의 말로 자신의 존재를 깎아내린다.

어른 자아

'어른 자아'는 객관적으로 현실을 파악하는 자아로서, 어른 자아에 기록된 자료들은 혼자서 뭔가를 해낼 수 있는 어린아이 때부터 형성되었다. 어른 자아는 외부 세계뿐만 아니라 내적 세계, 그리고 어버이 자아와 어린이 자아 상태 등 모든 곳에서 정보를 수집하여 저장하고 정리하는 과정에서 형성시킨 이성적이고 사고적인 개념을 말한다. 따라서 감정적인 개념인 어린이 자아와는 반대적인 특성을 지닌다.

어른 자아는 이성적이고 논리적이며 합리적이면서도 객관적인 어른의 모습을 하고, 사실을 바탕으로 정보를 수집하고 분석하여 과학적으로 설명하는 역할을 한다. 침착하고 차분한 목소리로 학생을 바라보면서 여유롭게 대화하는 모습을 보이는 교사는 어른 자아의 모습이 강하다고 볼 수 있다.

어른 자아가 강한 교사가 '구체적으로 말하면… 라는 거야, 내생각에는… 어떻게 된 일인지 말해봐, 어제 우리 학교에서 일어난 일은…' 등의 말로 객관적인 정보를 주거나 입장을 밝히게 되면 학생들은 사물이나 현상을 객관적으로 파악하여 냉정하고 침착하게 반응하는 경향이 있다.

교사의 생활 자세

자기부정 - 타인긍정 자세 | 자기부정 - 타인긍정 자세는 많은 사람들이 초기 어린 시절에 가지는 일반적 자세로 스스로 욕구 충족을 할 수 없는 자신에 비해 자신을 돌보는 부모나 어른은 모두 뛰어나기 때문에 가지게 되는 자세이다. 따라서 타인에 대한 긍정성은 모두 인정하지만, 자신은 무능력하다고 지각한다.

자신의 잘못이 아닌 상황을 자신의 탓으로 지각하는 이 생활 자세는 자신에 대한 열등감과 함께 우울, 죄의식을 형성시킨다. 이로 인해 이 자세를 '우울증적 자세'라 부르기도 한다. 이들은 자신을 칭찬하는 말이나 성과에 대한 피드백을 잘 듣지 못하고 행복하지 않다.

교사가 자기부정 - 타인긍정의 자세를 가졌다면 어린 시절에 온전한 돌봄을 못 받았거나 과보호를 받았을 가능성이 있다. 그래서 자신을 믿지 못하는 것이다.

자기부정 - 타인부정 자세 | 생후 1년 정도가 지나면 일방적으로 돌보던 부모의 보살핌이 끝나고 아이는 스스로 행동하면서 좌절을 경험하게 된다. 이때 아이들은 자신의 능력에 대한 불신뿐만 아니라 자신을 이전처럼 잘 돌봐주지 않는 부모도 문제라고 생각한다. 이것이 자기부정 - 타인부정 자세의 원인이 된다.

자기긍정 - 타인부정 자세 | 자기긍정 - 타인부정 자세는 어린아이가 자신의 잘못을 납득하지 못한 상태에서 부모에게 무시를 당하거나 심한 비난이나 억압을 당할 때 시작되는 자세로 잘못한 사람은 자기가 아닌 다른 사람이라고 생각한다. 이들은 늘 억울하게 야단을 맞았기 때문에 자신의 잘못을 인정하지 못한다. 심할 경우 극단적인 불신이나 비난, 증오 등의 특징을 보이기 때문에 편집증적 자세라 부르기도 한다.

이 자세는 건강하고 적극적인 생활 자세로서 나와 타인을 모두 수용하는 낙관적이고 건전한 인생관과 연결되는데, 어른 자아의 정상적인 기능과 판단에 의해서 형성된다. 이 자세는 의식적이고 언어적인 자기다짐으로, 자신과 타인에 관한 다양한 정보와 추상적 개념에 바탕을 두고 있다.

자기긍정 - 타인부정 자세를 가진 교사라면 성장하면서 억울하고 힘든 경험을 많이 했을 것이다. 험난한 어려움을 극복하고 당당하게 교사가 된 자신을 위로하라.

자기긍정 - 타인긍정 자세 | 자기긍정 - 타인긍정 자세를 가진 교사라면 현재 만족스럽고 학생들도 교사를 좋아할 것이다. 교사는 자신뿐만 아니라 학생들을 위해서라도 자기긍정 - 타인긍정의 자세를 가져야 한다.

사티어의 5가지 의사소통 유형

가족치료 이론의 선구자인 버지니아 사티어[V. Satir]는 의사소통 유형을 기능적인 의사소통인 일치형과 역기능적인 의사소통인 비난형, 회유형, 초이성형, 산만형으로 나누었다.

역기능적 의사소통은 주로 낮은 자아존중감을 가진 사람이나 불균형적인 가족관계에서 나타난다. 사람들은 보통 5가지 유형을 모두 가지고 있는데, 이는 상황에 따라 다르게 드러난다.

비난형 | 비난형은 자기주장이 강하다. 자신이 틀리거나 약해서는 안 되기 때문에 타인의 결점을 질책하거나 환경을 비난한다. 또한 타인의 요구를 거절하고 독선적이며 지시적이다. 주로 느끼는 감정은 분노이며 자기 통제력이 부족하여 감정을 폭발시키고, 억눌린 상처가 있다.

이들은 겉으로 강하게 보이지만 내면은 자신이 가치 없다고 느끼며 실패감을 안고 있다. 스스로 힘이 있는 것처럼 행동하지만 매우 의존적이며 일이 잘못되었을 때 타인의 핑계를 대고 타인을 불신한다.

비난형은 비판적 어버이 자아의 모습과 닮아 있다. 하지만 이 유형의 교사들은 자신이 가진 강한 에너지와 파워를 사용하여 학생들의 힘을 북돋아주고 격려할 수 있다.

회유형 │ 회유형은 비난형과 반대로 자신의 가치나 감정을 무시한 채 다른 사람의 뜻을 따르는 것에 초점을 맞춘다. 자신의 것은 가치가 없고 상대방만 중요하다고 느낀다. 다른 사람이나 상황이 표현하고 요구하는 것을 자신이 좋아하는 것처럼 행동한다. 이들은 남의 기분을 맞추려고 쉽게 사과하고 반대하지 않는다.

이들은 '나는 사랑 받을 존재가 못 돼, 타인에게 항상 친절해야 돼, 어떤 사람도 화내게 해서는 안 돼, 전부 내 잘못이야' 등의 독백을 한다. 자신이 살아남고 안정을 유지하기 위해 상대방에게는 '예'라고 대답한다.

회유형은 양육적 어버이 자아, 순응적 어린이 자아와 비슷한 모습을 보인다. 타인을 돌볼 수 있는 능력과 감정에 대한 민감성을 학생들을 챙기는 데 사용하면 효과적이다.

초이성형 │ 초이성형은 겉으로는 조용하고 안정된 것처럼 보인다. 하지만 내적으로는 자신과 타인을 과소평가하고 감정을 중요하게 생각하지 않으며 타인과의 관계에 관심이 없고 대인관계에 위축되어 있다. 또한 주관적인 자신의 판단을 객관적이라고 확신하며 자신의 판단에 근거하여 타인을 평가한다.

이 유형의 교사들은 합리적인 상황과 논리적 자료를 사용하여 의사소통을 하고 모든 일을 비판하고 분석하며 평가하는 반응을 보인다. 사람을 동정하는 따뜻한 마음이 없고 이성적으로 차분하고 냉정하게 자기 입장을 피력한다. 내적으로는 외롭고 취약하고 자신감 결핍을 보인다.

초이성형은 어른 자아와 가까우며, 자신이 가진 지식과 정보를 학생들의 교육에 활용하는 것이 좋다.

산만형 | 산만형은 자신과 타인의 상황 모두를 무시한다. 생각과 말, 행동 등도 부산스럽다. 긴장을 못 견디기 때문에 산만한 행동을 하여 그 상황을 피하려 한다. 생각 없이 책임지지 못하는 말을 하거나 주의집중도 못한다.

이들은 늘 즐거워 보이고 모임에서 주도하는 역할을 하기 때문에 주위 사람들에게서 자발적이고 재미있는 사람이라는 소리를 듣는다. 그러나 현재 자신이 있는 곳에서 편안함을 느끼지 못한다.

산만형 교사들은 자유로운 어린이 자아에 가깝고, 자신의 유머 감각과 창의성을 활용하여 학급 분위기를 즐겁게 만들 수 있다.

일치형 | 일치형은 언어적, 비언어적 메시지가 일치하고 관계가 편안하다. 개성이 뚜렷하며 자기의 독특성을 인정하고 대인관계의 에너지가 자연스럽게 교류한다. 자신과 타인을 신뢰하고 타인으로부터 상처받는 것 또한 감수한다. 자신의 내적, 외적

자원을 활용하고 스스로에게 자유로우며 타인에 대한 수용력도
크다. 변화에 대해서도 개방적이다.

> **Advice 20**
>
> 교사에게 가장 필요한 것은 자책과 반성이 아니라 위로와 지지이다.
> 교사가 자신의 자아 상태를 올바르게 인지하고 자신의 의사소통 유형
> 에 따라 강점을 부각시킨다면 충분히 훌륭한 교사가 될 수 있다.

..2

교사 스스로
자아 바라보기

　교사는 아이들과의 관계에서 상처를 주고받는다. 그렇지만 이러한 상처나 갈등을 교사들은 풀어낼 데가 없다. 일반인들은 교사의 행동과 도덕성에 규준을 제시하고 질타만 하지, 교사가 어떤 고통과 어려움을 겪고 있는지에 대해 관심을 가지지 않는다. 심지어 교사들조차도 자신의 아픔과 힘듦보다는 아이들, 학생들에게 관심을 보낸다.

　교사라면, 내가 처한 기분, 상황이 아이들에게 알게 모르게 많은 영향을 끼친다는 것과 교육현장에서 무엇보다도 중요한 변인이 자신이라는 것을 인정할 것이다.

　그러면서 왜 교사는 스스로를 돌보지 않는가? 교사는 아이들과의 관계에서 일어나는 어려움뿐만 아니라, 인간으로서 겪는 고통을 포함한 교사의 삶에 관심을 가져야 한다.

여태껏 교육의 장에서 철저하게 외면당한 교사 자신의 아픔과 고통을 보살피고 돌봐야 한다. 언제까지 우리 자신의 삶을 팽개 치는 오류를 범하고 있을 것인가?

그래서 이 글에서는 학생들을 생각하고 걱정하느라 제쳐둔 교사 자신의 삶이 학생들과의 관계에서 어떤 영향을 끼치고 있는 지에 대해 고민해보고자 한다.

교사가 학생에게 미치는 영향

신념의 작용 | 지금 가만히 눈을 감고 교사로서 갖고 있는 자신 의 신념과 관념을 떠올려보자.

> "아이들이 너무 거친 말을 많이 쓰고 천방지축으로 뛰어다녀요."
> "오늘 문제풀이를 하다가 문제의 답을 틀리게 말한 거 있죠."

위에 예를 든 교사는 어떤 신념을 가지고 있을까? 한 분은 바 르고 고운 말을 써야 되고, 다른 한 분은 교사는 실수를 해서는 안 된다는 신념을 가지고 있다.

여기서 말하고자 하는 것은 이러한 생각의 잘잘못을 따지자는 게 아니다. 교사의 이러한 신념이 학생들을 만나거나 지도할 때 어떤 작용을 하는가이다.

전자인 경우 선생님은 거친 말을 쓰는 학생들을 야단치거나 그것을 문제라고 보고 해결하려 할 것이고, 후자의 선생님은 아이들 앞에서 오답을 말한 자신을 탓하고 그런 실수를 하지 않기 위해 더 많은 노력으로 자신을 힘들게 할 확률이 높다.

그런데 전자의 경우 아이들은 선생님이 보는 앞에서는 바른 말을 쓰게 되겠지만, 일상생활에서는 어떨까? 아마도 평소에 하지 못한 것까지 합쳐 더 강하게 표출될 수도 있다. 후자의 경우 열심히 노력해서 능력 있는 선생님이 될 수는 있을지 몰라도 마음은 늘 불안할 것이다. 실수를 하면 안 되니 말이다.

교사와 학생의 갈등 | 이런 현상과 함께 좀 더 생각해볼 문제는 교사와 학생 사이에 어떤 부분 때문에 벽이 생기는가 하는 것이다. 예를 들어, 앞반 아이들은 누군가를 욕하고 싶거나 스트레스 상황일 때 선생님과 이야기하지 않게 될 것이고, 뒷반 아이들은 자신의 실수를 두려워하여 위축될 가능성이 있다.

여기에 교사들의 어려움이 있다. 교사가 가진 사소한 생각이나 신념이 아이들의 행동이나 생각에는 큰 영향을 끼칠 수 있기 때문이다. 그래서 교사들은 자신을 돌보는 것을 그 무엇보다도 우선해야 한다.

교사들이 가진 모든 신념을 버리라는 게 아니다. 교사들은 자신이 어떤 신념과 생각을 가지고 있고 이것이 학생들의 생각과 행동에, 그리고 서로의 관계에 어떤 영향을 끼치고 있는지를 알아차려야 한다. 또한 교사 자신의 삶에는 어떻게 작용하는지도 챙겨야 한다.

좋은 교사가 되기 위하여

내사1 | 교사가 가진 신념과 관념은 심리학 용어인 내사로 설명할 수 있다. 내사introjection는 부모나 교사 등 권위 있는 사람들에게서 요구받은 행동이나 말을 자신의 것으로 받아들여서 그대로 따르려는 행동이나 생각을 말한다.

내사는 초자아superego의 목소리로 표현되며, 대부분의 사람들에게는 규칙이나 도덕, 예절 등과 관련된 타인의 가치관이나 사고방식을 말한다.

학교에서도 내사가 적용되고, 학생들에게 내사를 요구한다. '말을 잘 듣는다, 규칙을 잘 지킨다, 예의가 바르다'라는 말은 학교의 내사를 잘 따른 아이들에게 하는 칭찬이다. 이 아이들은 모범생으로 인정받고 많은 선생님들의 관심을 받는다.

내사2 | 교사들이 하는 또 다른 내사는 학부모와 관련되어 나타난다. '학부모는 자녀에게 관심을 가지거나 챙겨줘야 한다'는 내사를 가진 교사는 자신의 아이에게 무관심한 학부모를 비난한다. 부모가 자녀에게 관심을 가지는 것은 당연한 일이지만 세상의 모든 부모들이 그렇지 않은 것 또한 사실이다.

교사의 내사가 강할수록 교실에서 학생들의 말과 행동을 수용하는 폭은 좁아지고 엄격해진다. 교사의 강한 내사는 학생들을 힘들게 한다. 자신이 가진 내사 자체에 의문을 제기해보라. 선생님은 '교사는 실수를 하면 안 된다', '아이들은 욕을 하면 안 된다'는 생각을 언제부터 했는가? 왜 실수를 하면 안 되고, 욕은 하면 안 되는가? 스스로 묻고 답을 찾아보라. 교과서가 아닌 스스로에게 물어보라.

나쁜 내사와 달리 스승이나 멘토에게서 받는 좋은 내사도 있다. 교사는 학생의 좋은 멘토가 되기 위해 인격적으로 성숙해야 한다.

투사 | 다른 사람의 말에 상처를 많이 받는 선생님은 학생들에게 말하기를 많이 망설이는 경향이 있다. 무의식적으로 저 사람도 나처럼 말에 상처를 받을 것이라는 결론을 내리고 조심하는 것이다. 이렇게 하는 이유는 투사 때문이다.

투사projection는 자신의 생각이나 욕구를 타인의 것으로 착각한다. 자신이 노란색 안경을 쓰고 있으면서 타인에게 노란 옷을 입었다고 말하는 것이다. 돼지 눈에는 돼지가, 부처님 눈에는 부처님이 보인다는 말은 투사의 전형적인 표현이다.

투사는 모든 사람들에게 무의식적으로 일어나는 자연스러운 현상으로 대부분의 사람들은 세상이 노랗게 보이는 것이 자신의 안경 때문이라는 것을 알지 못한다. 투사는 일상에서 사람들과 관계를 맺을 때 주로 일어나기 때문에 대인관계를 푸는 중요한 열쇠가 된다. 특히 늘 학생들과 관계를 맺는 교사들이 특별히 관심을 가져야 한다.

"상대방에게 뼈 있는 말을 했더니 내내 마음이 편치 않다."
"아이들이 수업시간에 잠을 자는 것은 나를 싫어하기 때문이다.
학생들은 나를 능력 없는 선생으로 생각할 것이다."

첫 번째 선생님은 하고 싶은 말을 하고는 타인이 불편하고 상처 받을까봐 힘들어 한다. 아마도 이 선생님은 아이들에게도 야단치기를 어려워하고 조심스럽게 말을 할 확률이 높다.

또 다른 선생님은 수업시간에 아이들이 하품만 해도 자신을 수업을 지루하게 하는 능력 없는 사람이라고 생각해서 기가 죽는다.

일반적으로 보기에 대수롭지 않은 말이지만 자신이 불편한 마음에서 말했기 때문에 스스로 마음에 걸려 한다. 타인이 불편하고 상처받을까봐 하고 싶은 말을 못 하거나 하고 나서도 후회하는 교사는 학생들에게도 야단을 치지 못한다.

투사를 하면 무엇보다 힘든 것은 교사 자신이다. 특히 자신의 투사를 모른 채 학생들이 문제라며 모욕적인 말로 야단치는 것은 문제를 더 심각하게 만든다. 아이들이 파랗게 때로는 빨갛게 보일 때 그 색깔이 아이들의 진짜 색깔일 수도 있지만, 내가 쓴 안경 색깔이 투사되었기 때문일 수도 있다. 내가 학생이나 동료 교사, 학부모에 대해 생각하거나 느끼는 것은 상대방의 생각이 아니라 나의 생각이고 느낌이다.

부정적인 경우뿐만 아니라 자신의 긍정적인 면을 다른 사람의 것이라고 생각하는 경우도 많다. 자신이 부러워하고 본받을 점이 많다고 생각하는 사람의 특징을 잘 살펴본 다음에 자신의 장점을 차근차근 찾아야 한다. 그러면 그 사람과의 공통점이 발견될 것이다. 부러워한 그 점을 자신이 이미 가지고 있다는 것을 말이다. 이를 끝까지 인정하지 않는다면 아마도 평소에 자신에게 인색한 점수를 주는 사람일 것이다.

자신의 것을 타인의 것이라고 착각하는 사람들을 잘 살펴보면 타인의 평가나 판단에 예민하고, 피해의식이 있는 경우가 많다. 물론 모든 사람들은 어느 정도의 투사를 다 하고 산다. 아이들이 파랗게, 빨갛게 보일 때 실제로 그 색깔을 아이들이 낼 수도 있지만, 내가 파란 안경이나 빨간 안경을 쓰고 있기 때문일 수도 있다는 것을 돌아보는 교사가 되자.

반전1 ㅣ 혹 힘이 없고 무기력하며, 자신 때문에 화가 나고, 속상하다는 생각을 많이 하지는 않는가. '나에게 화가 난다, 나 자신이 부끄럽다, 나 때문에 짜증난다' 등의 말을 심리적인 용어로는 '반전'이라고 한다.

반전은 다른 사람이나 환경에게 하고 싶은 말이나 행동을 자기 자신에게 하는 것이다. 상대방에게 나는 화를 자신에게로 돌려 '나한테 화가 난다, 내가 싫다' 등으로 말하는 것이다. 교사들은 학급 아이들을 관리하기 힘들거나 자신의 말이 먹혀들지 않는다는 느낌이 들 때 능력 없는 자신을 탓하거나 속상해한다. 이런 선생님은 학생들이 문제를 일으키거나 갈등이 일어날 때도 자신을 탓하고 학생들을 야단치지 않는다. 이 경우에 아이들은 간혹 미안해하기도 하지만 부담스럽고 뭔가 깔끔하지 않은 기분을 가질 수 있다.

이런 생각들 때문에 괴로운 교사가 있다면 잠깐 생각을 멈추고 자신을 돌아보길 바란다. 누군가에게 화나는 일이나 짜증나는 일이 있는지, 누군가에게 사랑받고 싶은지 생각해보고, 있다면 그것을 당사자에게 직접 표현해보도록 한다. 자신을 학대하는 일이 반복되면 자신의 내면은 전쟁터가 될 뿐만 아니라 그것은 아이들의 마음에까지 전달되기 때문이다.

학생들과의 관계에서 일어나는 분노나 화를 직접 풀지 못하고 자신에게 반전을 하는 교사들은 심리적으로 위축되고 점점 더 자신감을 상실한다. 반전의 경향이 강한 교사의 자책은 자기 내면으로 들어가는 역할을 하기 때문에 학생들이나 동료 교사, 학부모들과의 대화나 소통을 가로막는 결과를 초래한다. 이런 선생님은 학생들이 문제를 일으키거나 갈등이 일어날 때도 자신을 탓한다. 학생들에게 더 화가 날수록 자신을 더 강하게 책망한다.

반전의 특성이 강한 교사를 만날 때 학생들은 처음에는 미안해하거나 반성하지만, 교사의 반전이 계속될 경우 부담스러워하고 답답한 마음을 가지거나 아예 그 마음을 무시할 수 있다.

습관적으로 자신을 탓하거나 비난한다면, 잠깐 반전을 멈추고 진정으로 누구에게 화가 나는지, 왜 짜증이 나는지 자신의 마음을 살펴보기 바란다. 자신에게 화살을 돌리지 말고 진정으로 누구에게 화가 나는지 대상을 정확하게 찾아보라. 이때 마음으로부터 스스로에게 화가 난다며 엉뚱한 대상인 자기 자신을 비난하거나 책망하는 일이 반복되면 자신은 정말로 바보가 될 것이며, 그 여파는 고스란히 아이들에게 전달된다.

행복하지 않은 교사는 아이들을 행복하게 할 수 없다. '아이들을 통제하지 못하는 나한테 화가 난다' 대신 "너희들이 내 말을 무시하는 것 같아서 기분 나쁘고 화가 난다. 너희들이 싫고 밉다. 학교 오기도 싫다"라고 외쳐라.

반전2 | 또 다른 반전은 타인이 자기에게 해주기를 바라는 말이나 행동, 받고 싶은 물건을 스스로에게 선물하는 것이다. 학생들을 위해 최선을 다한 자신을 위로하기 위해 학기말에 동료 교사와 맛있는 점심을 먹는 것, 자신을 힘들게 한 학생을 무사히 진급시킨 것을 축하하면서 사는 옷 한 벌 등은 다음 학기를 새롭게 맞이하는 원동력이 된다. 이것은 자신을 건강하게 위로하고 지지하는 반전이다. 이처럼 자기 자신을 챙기고 아끼는 마음이 학생들에게 시달리는 교사들에게는 필요하다.

편향 | 편향은 만나고 싶지 않은 환경과의 만남을 피하거나 그 순간 자신의 감각이나 감정을 둔화시킴으로써 마음을 닫는 것을 뜻한다. 상대방의 눈길을 피하는 것, 듣기 싫은 말을 들으면서 딴 생각을 하는 것, 특정 대상에 대한 부정적이거나 긍정적인 감정을 회피하는 것 등이 편향에 속한다.

부담스럽거나 싫은 사람과 대화를 할 때 편향을 하는 사람은 핵심을 말하지 않고 빙빙 돌려서 말하고, 들을 때도 말하는 사람의 눈길을 피하거나 다른 짓을 하며 엉뚱한 질문을 한다. 편향이 반복되면 불편한 사람과의 만남이나 부정적인 감정을 피할 수 있다. 그러나 이와 함께 자신의 생생한 에너지와 감정도 차단된다.

'사는 것이 재미없다'는 말은 편향이 심한 사람들이 자주 하는 말이다. 타인이나 환경을 피하고 싶은 마음으로 자신의 마음을 돌보지 않으면 결과적으로는 자신의 삶에 활력이 떨어진다. 학교에 와서 습관적으로 수업을 하고 다시 집에 가서 무료하게 시간을 보내고 있다면 교사 본인의 말대로 삶의 활력소가 되는 생생한 감정이나 만남이 없는 것이다.

교사가 이런 감정 상태이다 보니, 학생들의 마음이나 기분, 감정 상태를 고려하지 않고 잔소리와 훈계만 하게 된다. 이 같은 잔소리나 훈계는 학생과 교사 간의 살아 있는 만남을 가로막는 편향의 대표적인 예이다.

교사의 편향은 관리자나 동료 교사와의 관계에서도 나타난다. 교사가 부정적인 마음을 직접 표현하면 조직 내에서 갈등이 생길 수 있고 불편한 관계로 이어질 수 있기 때문에 상황 그 자체를 편향시켜버리는 것이다. 문제는 이러한 편향이 습관화되면 타인이나 환경과 관계된 그 어떤 것에도 접촉을 하지 않게 된다. 그 결과 아무 표정이나 감정이 없는, 다른 사람과의 만남에 아예 관심이 없는 사람이 되고 만다.

아이들에게서 상처를 받거나 학부모의 말을 듣고 피해의식이 무의식적으로 올라올 때 그 생각과 감정이 과연 진심일까에 대해 생각해보자. 많은 경우 그것은 교사 자신의 생각과 감정이다. 자신에게 불편한 마음이 올라오는 것은 교사로서 자신감이 없기 때문이다. 좋은 교사가 되기 위한 하나의 미션은 '내가 꽤 괜찮은 선생님'이라는 생각을 늘 하는 것이다.

.. 3

교사 그리고
아이들의 문제행동

교사들은 착한 아이들을 좋아하고 격려하면서 착하다는 말이 가진 함정을 놓치고 있다. 좀 더 깊이 들여다볼 때 '착하다'는 것은 타인, 특히 부모나 교사의 말을 잘 따르고 시키는 대로 하며 유순하다는 것을 의미한다. 그러나 착한 아이는 자신의 마음에 들지 않거나 불만이 있더라도 표현하지 않는 타인 중심의 삶을 살아간다.

반대로 어른들이나 교사들에게 못됐다는 말을 자주 듣는 아이들이 있다. 대체적으로 이 아이들은 예의가 바르지 않으며 자신의 생각을 말대꾸로 드러낸다. 때로는 자기주장을 하면서 대들기도 한다. 이 아이들에게 주로 내려지는 평가는 '버릇이 없다.

예의가 바르지 못하다. 어른한테 대든다' 등 부정적인 것이다.

어른의 입장에서 보면 이 아이들은 마음에 들지 않는, 미래가 걱정되는 아이들이지만 아이의 내면은 착한 아이들보다 더 행복할지 모른다. 하고 싶은 말을 자유롭게 하면서 억압해두는 분노나 부정적인 감정이 없기 때문에 정신적으로도 더 건강할지 모른다.

다른 사람들과 살아가기 위해 필요한 것은 '예의'와 '배려'이다. 그러나 어린아이들이 예의가 바르고 배려심이 크기는 힘들다. 성장하면서 조금씩 서서히 타인을 배려하고 살피게 된다. 어릴 때는 이기적인 모습을 보일 필요가 있다.

문제행동을 하는 아이의 단점을 적고, 그 단점의 긍정성과 부정성을 모두 찾아보자. 예를 들어 말이 많은 것이 단점이라고 생각하면 부정적인 면은 수다스럽고, 가벼워 보이고 등이며, 장점은 쾌활해 보이고 친근해 보이는 것이다.

아이들의 자아존중감

초등학교 아이들에게는 자기가 누구인지, 자기 자신을 다른 사람들과 구별시켜주는 것이 무엇인지 느끼는 자아개념이 생긴다. 그 결과 자기가 다른 사람들에게 어떻게 보이는지에 대한 관심과 이해심이 증가한다.

아이들은 성장하면서 가족이나 교사, 또래 등 의미 있는 중요한 타인과의 상호작용을 통해서 인간으로서의 자기가치에 대한 정보를 수집하고, 그에 따라 자신을 본다. 즉, 자기에 대한 어른들의 행동을 통하여 자기의 이미지를 읽는다. 이 시기에 아이들은 자신을 쉽게 다른 사람들에게 내보이려고 하지 않는데 특히 자신을 인정하지 않는 사람에게 그러하다. 이러한 자아개념을 바탕으로 자아존중감을 형성한다. 타인이 자신의 역량과 가치를 긍정적으로 평가하면 자아존중감이 높아지고, 반대인 경우에는 자아존중감이 낮아진다.

긍정적인 자아판단으로 이끄는 교사는 학급 아이들을 수용해주고, 의견을 존중해주고, 사랑해주며, 아동의 생각과 느낌을 공감해준다. 주로 격려하고 용기를 주는 말을 한다. 아동들에게 약간 높은 수준의 행동을 요구하고, 합리적인 규칙을 정하여 지키며, 그러한 규칙을 정하는 데 있어서 아동을 참여시킨다.

반대로 부정적인 자아판단으로 이끄는 교사는 아동을 대할 때 무관심하고, 아동들의 요구를 주로 거절하며, 비교하고 비난하는 말을 주로 사용한다. 아동을 가혹하게 다루고, 불합리하게 규칙을 적용하거나, 전혀 어떤 규칙도 적용하지 않는다.

모든 어린이들은 그가 실제 존재하며 인간이 되어가고 있고 이미 하나의 인간이라는 것을 알 필요가 있다. 그는 마음대로 즐거워하고, 놀고, 세상을 탐험할 권리가 있다는 것을 느낄 필요가 있다.

어린 시절을 즐겁게 보내는 것은 성숙한 어른이 되기 위해 가장 필요한 것이다. 어린 시절에 느끼는 즐거움, 쾌활함은 어른의 내면에 든든한 버팀목을 제공한다. 아이들 스스로 자신의 능력을 시험해보도록 지지하고, 혼자 설 수 있도록 도우며 그들 자신이 공간과 시간을 초월하여 탐험할 기회를 주어야 한다.

성장의 중요 요소 가운데 하나는 실수와 실패의 불가피성을 인정하는 것이다. 따라서 우리는 아이들에게 자기 발견과 생의 의미를 찾기 위해서는 쉬운 성공보다는 용기를 내어 도전하는 것에 가치를 두도록 격려해야 한다.

교사에게 필요한 자신감

문제행동을 하는 아이나 보살핌이 필요한 아이에게 노력하고 에너지를 투여한 만큼 아이에게 변화가 없거나 자신의 마음을 받아주지 않을 때 많은 교사들은 실망하고 좌절한다. 그것이 그 아이의 상처나 불신 때문에 생긴 결과라 할지라도 담임은 교사로서 회의가 생긴다. 이때 다음 문구를 마음속으로 되뇌어보라.

'이 아이도 나와 똑같이 자기 삶에서 행복을 찾고 있다.'

'이 아이도 나와 똑같이 고통스러움을 피하려 하고 있다.'

'이 아이도 나와 똑같이 슬픔과 외로움, 절망을 겪어서 알고 있다.'

'이 아이도 나와 똑같이 자기의 욕구를 충족시키려 하고 있다.'

'이 아이도 나와 똑같이 삶에 대해 배우고 있다.'

인터넷의 영향력이 강해지면서 교사들은 자신의 교육관이나 소신을 강하게 주장하기 어려워지고 있다. 이것은 교사가 학생들을 대하는 교실이나 학교에서 위축되고 있음을 의미한다.

교사들은 자신의 주관대로 아이들의 인지 능력을 키우고, 인성 교육에 몰입할 수 있어야 한다. 그런 점에서 교사를 위축시키는 분위기는 걱정되는 면이 있다. 하지만 늘 자신의 교육관을 성찰하고 반성하는 한편으로 스스로의 교육관에 대해 자신감을 가져라.

Advice 22

교사에게 필요한 것은 자책과 반성이 아니라 위로와 지지이다. 교사가 자신이 아이들이나 학부모에게 할 수 있는 것과 할 수 없는 것을 현명하게 분리하고 편안하게 수용할 수 있을 때 행복한 교실이 될 것이다.

..4

학부모
상담의 어려움

　학부모와 상담을 할 때 교사가 가장 염려하는 것은 '무슨 말을 해야 할지 모르겠다'이다. 그런데 학부모 상담을 할 때는 굳이 어떤 말을 하려고 하지 말고 학부모의 이야기를 들어주면 된다.

　학부모들은 교사에게 아이나 학급, 학교에 대한 정보가 필요하거나 교사의 이해나 공감, 행동을 요구하고 싶을 때 학교를 찾아온다. 그러나 많은 부모들은 단지 교사와 이야기를 나누고 싶어서, 교사가 어떤 사람인지 궁금해서 찾아온다.

　학부모들이 아이에 대한 이야기를 할 때 담임이 조언을 하면 '결혼을 아직 해보지 않으셨으니 그렇죠!'라고 한다. 그때는 '제가 결혼을 안 해서 어머니를 이해 못 하실 거라 생각하시나봐요'

라고 공감한 뒤, '제가 어떤 부분을 이해 못 할 것 같으세요?'라고 묻는 것이 좋다.

경력이 많지 않은 신규 교사라고 은근히 무시하는 학부모도 있다. 이때 신규 교사들은 자존심을 내세우는 경우가 많다. 이 말을 하는 학부모는 자신이 주도권을 잡으려는 마음이 있으므로 깔끔하게 경력이 적음을 인정하고 도움을 요청하는 것이 낫다. '많이 도와주세요. 작년에도 어머니가 담임을 많이 도와주셨다고 그러더라고요.' 이렇게 단련되면서 교직 경력은 쌓여간다.

우리와 반대로 담임교사와 상담을 하려고 하는 학부모는 어떤 심정이고, 무엇이 염려될까?

교사마저도 학부모가 되면 담임이 어렵다고 한다. 자신의 아이를 맡겨둔 것에 대한 고마움과 함께 자신이 아이를 잘 키웠는지에 대한 점검을 받는 느낌이 들기 때문이다. 그래서 담임을 만나러 가면 자신의 교육이나 양육 태도에 대한 평가를 받는 것 같아 긴장하게 된다.

많은 학부모들은 학창 시절에 만난 교사의 이미지를 아이 담임에게도 투사하는 경향이 강하다. 가르침을 주고 때로는 잔소리를 한, 엄격한 교사를 생각하고 아이 담임을 만나게 된다. 이런 생각 때문에 담임을 만나는 것 자체가 부담스러운 것이다.

어떤 학부모와의 상담이 어려운가

넋두리하는 학부모 | 많은 교사들이 힘들어 하는 학부모는 자신의 삶을 하소연하거나 넋두리하는 학부모이다.

이혼 가정이나 경제적으로 어려움이 있는 학부모, 부부 사이나 고부 갈등이 있는 어머니들이 담임을 만나서 아이 이야기를 하다 보면 자연스럽게 넋두리를 하게 되고 감정이 복받치게 된다. 스스로도 당황스럽지만 눈물을 멈추기는 어렵다. 이때 교사가 할 수 있는 일은 그냥 그대로 상대방의 감정이 흘러가는 대로 함께 있어주는 것이다.

과잉보호하는 학부모 | 잦은 전화와 방문을 하는 학부모도 쉽지 않다. 과제나 준비물, 알림장 등 세세한 문제로 담임과 통화할 일이 있지만 간혹 지나치게 전화를 하거나 찾아오는 학부모가 있다. 구체적으로 학부모 유형이 파악되기 전까지 전화와 방문을 허용하지만 퇴근 후 교사의 사생활을 침범하거나 교사를 개인 비서로 여기는 것처럼 느껴질 때는 단호하게 거절해야 한다.

아울러 부모가 왜 이런 행동을 하는지 상담을 할 필요가 있다. 과잉보호 학부모는 아이를 믿지 못하는 불안이 있다. 자신의 불안 때문에 끊임없이 아이를 보호하고 챙긴다. 이런 부모에게는 지속적으로 아이를 보호했을 때 나타날 수 있는 문제에 대해 말해야 한다. 이런 학부모의 아이들은 의존심이 많아지고 독립심과 자립심은 줄어들고 자신감은 점점 없어져서 스스로 할 수 있는 일이 없어진다. 이럴 때는 '어머니가 평생 동안 아이의 모든 것을 챙겨주고 삶을 대신 살아줄 수는 없잖아요. 숙제를 안 하거나 준비물을 챙기지 않을 때 야단을 맞아야 행동이 나아질 수 있어요.' 하는 것도 좋다.

또 다른 이유는 아이가 잘못하면 부모인 자신이 비난받는다고 생각하기 때문이다. 실제로 아이의 교육 문제로 남편에게서 비난을 받는 상황일 수도 있다.

교사와 마찬가지로 학부모들도 힘들고 싫은 유형의 담임교사가 있을 것이다. 많은 부모들은 자신의 아이가 문제가 많다는 말을 단정적으로 혹은 비난조로 하는 교사와 이야기하는 것을 기분 나빠한다. 부모들은 자녀가 문제가 있지만 부모나 아이가 어떤 노력을 하면 변화될 수 있다는 말을 듣고 싶어 한다.

또한 학부모들도 자신의 이야기는 잘 듣지 않고 일방적으로 자신의 말과 입장만 이야기하는 선생님을 힘들어 한다.

나는 학부모에게 어떤 교사인가

학부모들은 아이의 문제행동 소식을 접했을 때 문제 자체에도 놀라지만 자신이 아이를 잘못 키운 것에 대한 회의와 두려움을 가진다. 이런 마음은 엄마에게 더 많다. 맞벌이를 하는 가정일지라도 대부분 가정에서 자녀 교육은 엄마의 책임으로 생각하기 때문에 아이의 문제는 곧 엄마의 문제가 되는 경향이 있다.

아이의 문제행동은 부모로 인해 발생하지만 부모들은 그것이 최선의 교육 방법이라는 생각으로 아이를 기른다는 것을 함께 알아야 한다. 그래서 부모에게 잘못 키웠다는 것에 대해 비난할 것이 아니라 부모의 교육 방법이 아이에게 부정적인 영향을 미치고 있음을 알려주어야 한다.

많은 부모들은 자신의 교육 방식에 문제가 있다는 것을 발견하면 깜짝 놀란다. 그렇기 때문에 학부모들은 담임의 교육적이고 객관적인 정보를 필요로 한다.

나는 학부모와 소통하는 교사인가

아이의 문제행동 여부를 떠나서 많은 교사들은 여러 가지 이유로 학부모들과 소통을 잘 하지 않는다. 이는 학부모를 만날 기회가 적은 고학년일수록 심해진다.

학부모를 만났을 때는 자녀의 특성이나 학급 담임으로서 교육관에 대해 이야기를 나누어야 한다. 이는 담임의 틀 안에서 아이를 바라보는 시각을 확장시키고, 혹여 부정적인 부모의 모습을 만난다고 할지라도 그 아이를 이해하는 데 도움이 된다. 담임이 먼저 학부모 상담을 요청했을 때도 찾아온 부모의 마음을 먼저 헤아리고 소통을 시도해야 한다. 그것이 아이의 문제 해결에 도움을 준다.

교사들은 학급 아이에게 문제가 발생했을 때 그것을 알리기 위한 목적으로 자주 전화를 한다. 부모가 아이의 학교생활에 대해 알아야 할 필요가 있지만 무슨 일이 있을 때마다 전화를 하는 것은 오히려 상황을 어렵게 한다. 학교에서 일어난 일거수일투족을 어떻게 학부모가 다 통제할 수 있겠는가? 그건 담임의 몫이다. 또 잦은 전화는 촌지와 관련된 불필요한 오해를 부르기도 한다. 아이의 행동 교정을 위한다는 생각으로 한 일에 쓸데없는 오해를 받을 필요는 없다.

교사가 학부모 상담을 할 때 생각해야 할 부분은 아이의 행동이 객관적으로 볼 때 문제행동인지에 관한 것이다. 한 아이의 행동이 어떤 교사에게는 문제로 여겨질 수 있지만 또 다른 교사에게는 문제되지 않을 수도 있다. 어떤 아이는 담임과 맞지 않아 갈등을 빚지만 다른 담임과는 잘 지내기도 한다. 그만큼 아이들의 문제행동은 객관적으로 판단하기 어려운 면이 있다.

학부모와의 소통 문제

아이가 학급에서 폭력적이거나 공격적인 행동을 할 때, 또는 문제를 일으킬 때 학부모 상담이나 전화를 하게 된다. 그러나 이것이 학생들에게 가해지는 야단이나 체벌의 원인이 되면 아이는 교실에서 더 반항하고 담임을 더 공격적으로 대한다. 영문을 모르는 담임은 아이와 점점 더 적대적인 관계로 변해간다.

아이들의 문제행동은 대부분 부모의 영향을 받는다. 그래서 학부모 상담을 할 때 부모가 왜 그런 문제를 갖게 됐는지 탐색할 필요가 있다. 아이가 정리정돈을 하지 않는 것을 참을 수 없는 학부모를 만나면 '어릴 때 어머니에게 정리정돈과 청결을 강조한 사람이 있었어요?'라고 물어보라. 대부분은 당신의 부모가 그런 요구를 했다고 대답할 것이다.

아이들에게 왜 그렇게 하는지 도저히 이해할 수 없는 학부모들도 있다. 처음에는 화가 날 테지만 부모는 자신의 문제에 대해 모를 수 있고, 그럴 가능성도 크다. 교사가 아이들을 가르치면서 순간순간 몰랐던 자신의 모습을 깨닫게 되는 것처럼 부모들도 마찬가지다. 그러니 너무 비난하지 말고 부모에게 차근차근 알려주면 부모도 자신의 잘못과 문제를 알고 반성한다.

많은 교사들은 학부모와 상담을 할 때 아이의 장점보다는 잘못에 대해 말한다. 아이가 학교에서 보이는 성격이나 친구 관계

등 아이의 좋은 점을 말하고, 꽤 괜찮은 아이이며 아이를 잘 키웠다고 부모를 지지하는 것이 좋다.

학부모 상담을 위해 필요한 것들

칭찬으로 시작하라 | 학부모 상담을 할 때 학부모들이 자신의 아이를 바라보는 시각을 알 필요가 있다. 많은 부모들은 자신의 자녀를 문제가 없는 착한 아이로 생각한다. 이때는 부모가 생각하는 아이의 장점을 인정해주고 아이를 잘 키웠음에 대해 부모 역시 칭찬해주는 것이 효과적이다. 그러고 나서 아이의 행동이 문제가 될 수 있음에 대해 말한다. 자녀는 문제가 없고 괜찮은데 친구 탓이라고 생각하는 부모들도 있다. 그렇다면 그 친구를 선택한 것은 자녀의 몫이라는 사실을 알릴 필요가 있다.

아이는 생각보다 잘하고 있다 | 또 많은 부모들은 자신의 아이를 문제가 많은 아이라고 생각한다. 아이가 학교생활을 잘하고 있는데도 불구하고 끊임없이 문제가 있다고 생각하고 담임에게 하소연을 한다.

이 부모들은 아이들의 성격을 고치고 싶어 하거나 아는 것이 병인 학부모들로 상담이나 심리치료에 관련된 책을 많이 읽었을 확률이 높다. 그래서 끊임없이 아이의 문제를 찾고 그것을 해결하기 위해 최선을 다한다. 이런 학부모에게는 자녀가 다른 아이들처럼 평범하게 잘 자라고 있다고 말해줄 필요가 있다.

자주 만나야 하는 학부모는 누구인가 | 자신의 문제를 인정하거나 인정하지 않는 학부모를 만날 때가 있다. 아이의 문제행동의 원인이 자신에게 있다는 것을 인정하고 바꾸기 위해 노력하는 학부모는 긍정적인 변화를 예고한다. 그러나 모든 것을 자신의 잘못이라며 자책하는 부모의 태도는 아이의 행동 개선에 도움이 되지 않는다.

반대로 자신의 문제를 인정하지 않는 학부모에게는 좀 더 시간을 주어야 한다. 때로는 담임을 인정하지 않지만 집에서 자신의 행동을 바꾸는 경우도 있다.

심리 치료를 권해야 하는 학부모 | 가장 만나고 싶지 않은 상황은 부모의 심리와 정신건강이 심각한 수준인 경우이다. 심한 우울증이나 강박 경향, 심각한 알코올중독이나 폭력 경향 등이 위험한 수준인 학부모에게는 심리 치료를 권해야 한다. 만약 당사자가 담임의 조언을 받아들이지 못한다면 다른 쪽 부모에게 사실을 알려야 한다. 강력하게 이 학부모들과 싸우려고 하면 안 된다.

긍정적인 신뢰를 얻으려면 | 학교와 교사에 대한 불신으로 학부모와의 갈등이 증가하고 있다. 학부모의 문제도 있지만 교사가 학부모를 대하는 자세가 원인인 경우도 있다. 갈등을 예방하기 위해 교사들은 학부모 상담에 대한 능력을 향상시킬 필요가 있다. 사소한 말 한마디도 갈등의 뿌리가 될 수 있기 때문이다.

교사들은 부모들에게 요즘 아이들의 행동과 심리에 대한 전문적인 정보를 제공할 수 있어야 한다. 이를 위해 교사들은 아이들의 발달 특성에 대한 지식을 갖고 있어야 한다. 부모와의 상담을 통해 자녀의 행동과 심리 특성을 이해하고 그에 맞는 적절한 대처법을 익히도록 도와야 한다.

교사가 학부모의 긍정적인 신뢰를 얻는 것은 아주 중요한데, 이를 위해 가장 필요한 것은 학생을 가르치거나 돌보는 것과 같은 주요한 임무에 최선을 다하는 것이다. 그러므로 아이들의 장점을 찾아서 칭찬하고 아이들의 능력을 발휘할 수 있도록 학부모를 지지하고 격려해야 한다.

이와 함께 부모들이 자녀 교육에 대한 고민을 할 때 교사들은 지도 조언을 해주어야 한다. 이를 위해 교사들은 아이들 개개인의 학업과 심리 특성, 친구관계 등 구체적인 사항을 알고 있어야 한다. 아이의 작은 행동 하나라도 관찰하고 기록해두면 그 아이를 이해하거나 학부모 상담을 할 때 효과적이다.

학부모를 만나기 전에 교사의 마음에서 일어나는 불편함을 수용해야 한다. 이와 함께 학부모 역시 교사처럼 마음이 편안하지만은 않다는 것을 기억하도록 하자. 부모가 가장 듣고 싶은 말은 '아이를 키우느라 애를 많이 썼고 최선을 다하셨네요'이다. 우리가 좋은 교사가 되기를 원하는 것처럼 부모 역시 좋은 부모이기를 희망한다는 사실을 알아야 한다.

..5

교사의
스트레스 관리

　과거에는 선후배 교사들 간의 소통이 원활했다. 경력이 많은 교사가 신규 교사를 가르치거나 도와주는 분위기에서 교직 문화를 체득하고 학교에 적응해갔다. 이와 동시에 교사로서 겪는 어려움, 즉 학생들과의 갈등이나 신경전, 학생들에게 받은 상처, 학부모로 인한 난감함 등을 동료 교사와의 이야기를 통해 해소하고 지지받을 수 있었다.

　그러나 최근에는 늘어난 업무량과 실적으로 인해 동료 교사와 이야기를 나눌 시간과 교류가 줄어들었다. 이는 이야기를 통해 스트레스를 해소할 기회가 사라짐을 의미하고, 그 결과 교사의 스트레스는 온전히 자신의 몫이 되었다.

아이들은 초등학교에서부터 학업이나 성적에 대한 스트레스를 과도하게 받는다. 영어에 대한 부담뿐만 아니라 미술, 음악 등에 대한 요구와 기대도 아이들을 지치게 한다. 매일매일 교사보다 더 힘든 스케줄을 소화하는 아이들이 유일하게 쉬고 놀 수 있는 곳은 학교이다. 그래서 학교에 와서 미치는 것이다.

더 심각한 문제는 건강하지 않은 부모들이 자신의 미해결 과제와 스트레스를 아이들에게 풀면서 일어난다. 많은 부모들이 교사가 아이를 때리는 것에 흥분하지만 훨씬 많은 아이들이 부모에게서 체벌을 당하고 있다. 부모의 영향권 아래 있는 초등학생들이 부모를 벗어날 수 있는 유일한 방법은 컴퓨터를 하거나 분노를 억압하는 것이다. 이들은 발사를 기다리는 로켓과 같은 상태이다. 말 그대로 요즘 아이들은 미칠 지경이다. 이러한 아이들의 스트레스가 터져 나오는 곳이 학교이며 그 대상은 교사가 된다.

우리나라 교사들은 대체로 모범생 캐릭터이고 책임감이 강하다. 바로 이 점이 학생들과 갈등하는 주요 원인이 된다. 근면 성실한 캐릭터인 교사와 틀을 싫어하고 자유분방한 학생과의 만남은 시작부터 삐걱거릴 수밖에 없다.

스트레스 해소를 위하여

포기와 기다림은 다르다 | 학생들에게 최선을 다해서, 특히 문제 행동을 하거나 도움이 필요한 아이에게 자신이 할 수 있는 모든 것을 다 했는데도 변화가 없다면 그 아이에게서 한 발짝 뒤로 물러나라. 때로는 거리를 유지할 때 학생에게 변화가 일어나고, 교사 자신도 살 수 있다.

한 아이를 포기한다는 생각으로 자책하지 말라. 모르긴 해도 선생님은 충분히 최선을 다했다. 그런데도 효과가 없다면 선생님의 방법이 잘못됐거나 그 아이가 변화할 수 없는 상황이거나, 또는 시간이 필요한 아이일 수 있다.

자기 스스로를 격려하고 지지하라 | 하루를 마치고 잠들기 전에, 1학기를 마치면서, 1년을 마무리하면서 자신에게 어떤 위로와 칭찬을 하는가?

1년 동안 아이들을 위해 최선을 다한 자신을 격려하고 칭찬해 보라. 말도 안 듣고 때로는 안하무인인 아이들과 1년을 잘 지냈고, 가끔은 아이에게 변화가 일어났으며 학부모들의 지지를 받은 적이 있다. 그러한 결과는 우연히 오는 것이 아니다. 교사가 충분히 최선을 다했기 때문이다.

있는 그대로의 자신을 받아들이는 시간도 필요하다. 자신의 장점을 찾다보면 뿌듯해지고 희망과 용기가 생긴다. 한편으로는 자신을 부정하거나 여전히 열등하게 보이는 감정이 불쑥불쑥 올라오기도 할 것이다. 그래도 자신의 모습을 긍정적으로 보는 힘을 지속적으로 키워야 한다.

자신만의 마음 관리법을 찾자 | 매일 학생들이나 학교에서 받는 스트레스를 해소할 수 있는 마음 관리법을 찾을 필요가 있다. 개인적인 종교 생활을 통해서 마음의 편안함을 찾거나 운동이나 동호회 활동을 하면서 학교에서 쌓인 스트레스를 풀어보라. 주위에 있는 상담실을 찾아서 상담을 받는 것도 좋다.

교사인 우리에게 해결되지 않은 심리적인 문제가 많을수록 학생에게 부정적인 영향을 미친다. 용기를 내서 개인 상담을 받아보거나 다른 사람들과 함께하는 집단 상담에 참가해보자.

마음 치유를 위한 프로그램

자애 명상 metta meditation | 자애명상은 자신의 마음을 긍정적으로 가꾸는 명상으로 화나 미움 등을 정화하는 데 좋다.

어떤 곳이든지 혼자서 조용히 눈을 감고 있을 수 있는 장소에서 편안한 자세로 앉는다. 눈을 감고 '자비, 자비, 자비'를 되뇌면서 마음에 자비(사랑)를 가득 채운다. 그런 다음 환하게 웃고 있는 자신의 얼굴을 눈앞에 떠올려보자. 행복감에 잠긴 사람은 화를 내거나 마음속에 부정적인 생각과 느낌을 품을 수가 없다.

눈을 감은 채 행복한 기분에 잠긴 자기 모습을 눈앞에 그린 다음, '내가 화에서 벗어나기를, 내가 욕심에서 벗어나기를, 내가 고통에서 벗어나기를, 내가 편안하고 행복하기를…'이라고 마음속으로 말하면서 자기의 행복을 기원한다. 도중에 다른 생각이 들면 다시 돌아가서 문구를 외면서 행복을 기원한다. 긍정적인 사람의 힘으로 스스로를 가득 채우면 다른 사람에게도 나누어줄 수 있게 된다.

그다음에는 자신과 가장 가까운 사람이나 부모의 모습을 눈앞에 떠올린다. 행복한 모습의 부모님을 그리고 위와 똑같은 마음을 투사한다. '부모님이 화에서 벗어나기를, 부모님이 집착에서 벗어나기를, 부모님이 고통에서 벗어나기를, 부모님이 편안하고 행복하기를……'

다음은 차례로 대상을 자녀들, 반 아이들, 아는 사람들, 모르는 사람들, 모든 존재들 순으로 넓혀간다. 어느 정도 자비의 힘이 길러지면 감정이 좋지 않은 사람들에게도 마음을 보낸다.

마음에서 화와 욕심이 없는 편안하고 맑게 가꾸는 자애 명상을 하면 편안히 잠자고, 즐겁게 깨어나며, 악몽을 꾸지 않는다고 한다.

좌선 | 좌선을 하기 위해서는 간편하고 느슨한 옷차림을 하고 방해받지 않을 조용한 곳에 앉는다. 허리에 약간 힘을 주어 머리를 곧게 세우고 편안하게 앉아서 눈을 가볍게 감으면 된다.

숨을 들이쉴 때 배가 일어나고 내쉴 때 배가 사라지는 이 두 동작에 주목한다. 호흡은 평소처럼 자연스럽게 한다. 배가 일어날 때 '일어남', 사라질 때 '사라짐'이라고 명칭한다. 이름 부치기는 집중 대상에 주목하는 데 도움을 준다. 일어남과 사라짐은 길고, 짧고, 느리고, 빠르고 다양하게 변할 수 있다. 이 모든 것을 일어나는 대로 관찰하고 알아차리면 된다.

억지로 호흡을 조절하지 말라. 긴 것이 좋고 짧은 것이 나쁜 건 아니다. 마음이 흩어져 생각이 떠오르면 '생각, 생각, 생각'하고 알아차리고 다시 '일어남' '사라짐'으로 돌아온다. 몸에 통증이 있으면 '아픔, 아픔, 아픔' 하고 알아차리고, 어떤 소리가 들리면 '들림, 들림, 들림' 하고, 다시 배의 일어남 사라짐으로 돌아온다. 배의 '일어남 사라짐'은 집이고 다른 현상은 외출하는 것이라고 생각하라.

걷기 명상 | 걷기 명상(행선)을 위해서는 바로 서서 양손을 앞으로, 또는 뒤로 모아서 서로 맞잡고 눈을 뜬다. 시선은 약 1미터 전방을 쳐다본다.

걷기를 할 때는 의식적으로 발을 너무 높이 들지 않는다. 주위를 둘러보지도 않는다.

걷기 명상은 아침 일찍, 좌선 전이나 식후 혹은 운동 후 약 30분에서 1시간 정도 하면 몸 전체의 혈액순환이 잘되어 근육이 유연해지고 원활해져 건강 증진에도 도움이 된다.

아이들과 함께하는 긍정 명상

학급 칭찬샤워 | 칭찬샤워는 매일 한 아이에게 칭찬을 하는 일이다. 오늘 칭찬 받을 아이가 누구인지를 정하고, 평소에 그 아이의 장점이라고 생각했던 것을 아이들이 서로 말할 수 있도록 한다. 칭찬을 받는 아이는 가만히 앉아서 다른 아이들의 말을 듣고, 칭찬이 끝나고 나면 소감을 말할 수 있도록 한다.

아침 자애 명상 | 요즘 아이들은 마음이 차분하지 못하고 산만하며 공격성과 분노로 인해 자신과 타인에게 너그럽지 못하다.

매일 아침 눈을 감고 1분 정도 시간을 내어 아이들에게 자애 명상을 하도록 해보라. 눈을 감게 하고 교사가 문구를 읽어준 뒤 마음속으로 따라하게 하는 것이다. 물론 처음부터 너무 긴 시간 동안 명상을 해서 아이들로 하여금 하기 싫은 마음을 내게 하지 말고, 아이들 스스로 편안함을 느끼도록 유도하는 것이 중

요하다. 아침마다 하는 1~3분간의 명상은 아이들의 삶을 바꿀
수 있다.

행선 | 고학년 아이들은 마음 챙김 명상, 특히 행선을 가르치
면 좋다. 학생들에게 자애 명상과 마음 챙김 명상을 가르친 교사
들은 한결같이 아이들의 변화를 실감하고 있다.

> "1학기까지는 싸움도 많고 오랫동안 싸웠던 거 같아요.
> 명상한 2학기 때는 그런 건 거의 못 본 것 같아요."
> "제가 보기에 공격성이 많이 줄었어요. 거의 안 싸웠어요.
> 그리고 집중력이 커졌어요."

물론 교사의 명상 지도에는 많은 어려움이 따른다. 아침 시간
이 바쁘거나 업무가 있어서 지속하기가 어렵고, 아이들이 명상
에 익숙해지는 데 시간이 걸리는 점이 있다. 그럼에도 불구하고
교사가 꾸준히 함께하면 아이들은 빠른 변화를 보이고 효과가
크게 나타난다.

Advice 24

학교에서 아이들이나 학부모, 동료 교사에게 받는 스트레스를 무시하거나 피하지 않는 것이 좋다. 교사의 몸과 마음이 지치면 스트레스로 인한 부정적 에너지는 아이들에게 되돌아가기 때문이다. 교사가 가장 먼저 돌봐야 하는 것은 아이들이 아닌 자기 자신이다.

교사가 행복해야 아이들도 행복하다

많은 교사들이 '상담은 학생의 문제를 해결해주는 것이다'라고 생각한다. 그러나 아이의 문제나 고민을 해결해주려는 노력보다 더 중요한 것이 있다. 그 아이가 현재 느끼는 고통이 무엇인지 어떤 상처가 있는지 마음의 소리를 듣는 것이다.

문제를 해결하는 것은 아이 자신이다. 그러므로 아이들과 이야기를 할 때 문제를 해결해주려고 너무 애쓰지 않는 것이 좋다. 그냥 그대로 아이의 이야기를 듣고 그 아이의 마음을 따라가면 된다. 아무것도 하지 않는 것이 가장 좋은 상담이다.

교사는 '학생과 상담을 할 때 틀리면 안 된다'는 생각을 한다. 그러나 아이의 마음을 공감할 때 내 판단이 틀렸을지라도 개의치 말라. 어찌 보면 모두 공감되고 이해된다는 것이 이상한 것이다.

또 아이들이나 동료 교사, 학부모에게서 마음의 상처를 받거든 누구에게든지 이야기를 해야 한다. 마음에 담아두면 교사 스스로가 점점 더 힘들어진다.

아동의 행동은 정상행동과 비정상행동으로 나누지만 이들의 행동은 상대적이고 정도도 차이가 있다. 문제행동이란 사회적 규준이나 학교 규칙으로부터 일탈한 행동이나 행동의 부적응이며 나이에 부합되지 않는 행동 특성을 말한다.

아동기는 삶의 시작이자 인간 개개인의 독특함이 잠재되어 있는 시기이다. 따라서 교사들은 시간적인 마음의 여유를 가져야 한다. 아이들의 성장은 서둘러서 되는 것도 아니고 강요해서 되는 것도 아니다. 아이들의 기술을 숙련시키려고 서두를 때, 아이들의 진정한 사고와 자발적인 성장 가능성은 감소된다.

아이들을 믿어야 한다. 바람과 태양이 사람의 옷을 벗기는 시합을 하는 우화처럼 한 어린이가 자신의 가능성과 삶의 충만함에 대해서 스스로를 개방하도록 하는 유일한 방법은 따뜻하고 부드러운 햇살로 그를 감싸주는 것이다.

하고 싶은 이야기가 켜켜이 쌓여서 일상이 힘들어지면 아이들을 보기 싫고 학교 오는 것조차 짜증이 나게 된다. 선생님이 현재 이런 상황이라면 아이들과 학부모, 학교로부터 잠시 여유를 가지고 바라보라는 메시지이다.

상담실에서 때로 교실에서 제가 만난 아이들과 학부모, 교사들에게 배운 상담 기법이 이 책을 읽는 선생님에게 조금이나마 위로가 되기 바라는 마음으로 글을 접는다. 모든 선생님들이 편안하고 행복하시기를….

• 참고 문헌 •

강경미(1994), 〈소아기우울증〉, 소아청소년의학 제5권 1호. p 3-11.

곽금주·김연수(2008), 〈발달적 관점에서 본 정신병질 : 아동기와 청소년기를 중심으로〉 한국심리학회지. 27권 1호.

경기도교육청 다문화 장학자료집(2009).

권석만(2000), 『우울증』, 학지사.

권석만(2003), 『현대이상심리학』, 학지사.

김옥성(2005), 『학교교사를 위한 에니어그램』, 영성과 강의 자료집.

김정규(2006), 『게슈탈트 심리치료』, 학지사.

김충기(2001), 『진로교육과 진로상담』, 동문사.

김홍숙(2008), 군포교육지원청 초등교사상담 연수자료.

김희수(2003), 〈강박성 성격장애 성향과 역기능적 신념, 자기 및 타인 표상의 관계〉 서울대학교 대학원 석사학위논문.

교육과학기술부(2009), 학생생명존중교육 및 자살 위기 담당교사 심화연수 자료집.

교육과학기술부(2010), 다문화 현황 자료.

노명숙(2004), 〈일반아동과 시설아동의 우울성향, 자아존중감, 학교적응에 관한 비교연구〉, 춘천교대 교육대학원 석사학위논문.

문용린(2004), 『지력혁명』, 비즈니스북스.

민병배·이한주(2000), 『강박성 성격장애』, 학지사.

서영숙 외(1992), 『아동교육심리』, 숙명여대출판부.

서울시교육청 장학자료(2005), 『공부가 재미있어요』.

신민섭외(2006), 『그림을 통한 아동의 진단과 이해』, 학지사.

신현균·김진숙(2000), 『주의력결핍 및 과잉행동장애』, 학지사.

이기현(2010), 〈강박적 성격특성과 스트레스 수준에 따른 분노표출의 차이〉, 가톨릭대학교 대학원 석사학위논문.

이수정·허재홍(2004), 〈잠재적 범죄위험요인으로서의 정신병질(pxychopathy)〉, 한국심리학회지, 10권 2호.

안창규(1996), 『진로탐색검사』, 한국가이던스.

이주영(2008), 『아이들의 성장을 돕는 초등상담』, 우리교육.

이주영(2010), 『어린이 심리학』, 지식프레임.

이주영(2010), 〈상담전공교사의 마음챙김 명상 체험연구〉, 서울불교대학원대학교 박사학위
　　　논문.

이재현 외(2002), 『아동상담과 치료』, 양서원.

유제민·김정휘(2004). 『아동과 청소년의 발달정신병리학』, 시그마프레스.

정윤경(2004), 『발도르프 교육학』, 학지사.

정영수(2000), 『슈타이너의 인간 이해』, 한국슈타이너예술협회 홈페이지.

주인선(2010), 〈역기능 가정 청년의 강박성 성격장애에 대한 성경적 상담〉,
　　　총신대학교 상담대학원. 석사학위논문.

채규만(2006), 『성행동심리학』, 학지사.

한국가이던스, 초등용 Holland 진로 발달(탐색) 검사.

한국청소년상담원(1999), 〈청소년의 우울〉, 한국청소년상담원.

한국청소년상담원(2009), 청소년자살 예방 프로그램 '높이 날아올라 새롭게'.

한국정보화진흥원 홈페이지 : www. nia.or.kr

Carroll & Toper(2003), 『인디고 아이들』, 유은영 역, 샨티.

Corey(2004), 『심리상담과 치료의 이론과 실제』, 조현춘 외 역, 시그마프레스 .

Corey(2005), 『집단심리상담의이론과실제』, 조현춘 외 역, 시그마프레스.

클래리죠(1997), 『현대교육심리학의 과제』, 전윤식 외 역, 삼영사.

담마난다(2002), 『현명한 사람은 마음을 다스린다』, 홍종욱 옮김, 지혜의나무.

DuPaul & Stoner(2007), 『ADHD 학교상담』, 김동일 옮김, 학지사.

Honos-Webb(2007), 『주의력결핍/과잉행동장애 ADHD아동의 재능』, 양돈규·변명숙 역,
　　　시그마프레스.

W.휴미실다인(2006), 『몸에 밴 어린시절』, 이석규 ·이종범 옮김, 가톨릭출판사

Janet Penley 외(1998), 『성격유형과 자녀 양육태도』, 심혜숙·곽미자 역, 한국심리검사연구소.

Leshan(1998), 『손상된 아동기』, 최기영 역, 양서원.

마이클 골드버그(2001), 『성공 경영을 위한 에니어그램 리더십』, 김영사.

Mash,E.J. & Barkley.R.A.(2001), 『아동정신병리』, 이현진 외 역, 시그마프레스.

파멜라 메츠(2003), 『배움의 도』, 이현주 역, 민들레.

샤론살스버그(2005), 『붓다의 러브레터』, 김재성 역, 정신세계사.

틱낫한(2006), 『마음을 비워 평온하라』, 강주영 역, 눈과마음.

틱낫한(2008), 『포옹』, 김형민 역, 현문미디어.

버지니아사티어(2002), 『사람만들기』, 송준 역, 홍익제.

최고의 초등상담

ⓒ 이주영

초판 1쇄 발행 2012년 8월 10일
초판 3쇄 발행 2017년 1월 5일

지은이 이주영
발행인 윤을식

펴낸곳 도서출판 지식프레임
출판등록 2008년 1월 4일 제2016-000017호
주소 서울시 서초구 효령로26길 9-12, B1
전화 (02)521-3172 ㅣ **팩스** (02)6007-1835

이메일 editor@jisikframe.com
홈페이지 http://www.jisikframe.com

ISBN 978-89-94655-23-9 03370